Matthias Schicker

Aus Dem Zwielicht Eines Dilettanten

AF285777

Die einzigartigen Antworten auf die Fragen, die die Welt bedeuten

Für Richard und das Weibliche im Menschlichen

www.der-dilletant.de

1

Impressum
Schicker, Matthias: Aus Dem Zwielicht Eines Dilet-
tanten
© Schicker Matthias, 2011
Herstellung und Verlag: Books on Demand GmbH,
Norderstedt
ISBN: 9783837042641
4.Auflage

Inhalt

Vorwort des Autors

Die für die Entstehung dieses Buches benutzten Quellen waren in erster Linie meine eigenen Beobachtungen und mein Allgemeinwissen, das ich mir durch Ausprobieren, Lexika, Schule, Studium, sowie durch den Konsum aller gängigen Medien in den letzten 42 Jahren erarbeitet habe. Deshalb wurden selbige von mir nicht explizit belegt.

Meine auf dieser Basis entstandenen Ideen, Thesen, Schlussfolgerungen und Erkenntnisse sind jedoch vollkommen neues - oder wiederentdecktes längst vergessenes Wissen der Menschheit.

Einleitung

Die folgenden Seiten sollen veranschaulichen, wie meine Lern- und Denkprozesse ablaufen, die Schwierigkeiten Moderatoren; sowie Katalysatoren zu finden. Sie sollen verdeutlichen, woher mein unstillbarer Wissensdrang herrührt und durch was er genährt wird. Auch soll anhand von meinen erschaffenen, hier aufgezeigten lebendigen Gedankenmodellen das Funktionsprinzip des räumlich visuellen Denkens abstrahiert werden. Wobei diese Modelle wie ein mehrdimensionales Gebilde aufgebaut sind, in deren Kern sich die wesentlichen Aussagen befinden, die Erkenntnischarakter haben können. Um sie herum schwimmen wie in einer Flüssigkeit und mit einer Art Seil verbunden, die dazugehörigen Regeln und Gesetzmäßigkeiten, die dann häufig eine Schnittmenge darstellen, somit also durchaus auch Anteile anderer Gebilde sind. Zwischen ihnen befinden sich, wie schwarze Wurmlöcher, die noch offenen Fragen, für die zwar noch nicht sichtbar und im Unterbewusstsein versteckt, die gleichen Regeln gelten. Die meisten meiner Konzepte unterliegen ständigen kleinen Veränderungen. Es ist sogar möglich, dass durch eine kleine Ungereimtheit im System die komplette Konstruktion ins Wanken gerät und wie ein Kartenhaus zum Einsturz gebracht werden kann.

Die in diesem Buch enthaltenen Thesen und Gedanken basieren auf dem vorgenannten Prinzip und sollten deshalb nicht als der Weisheit letzter Schluss angesehen werden, sondern sollen den Leser zum Mit- und Weiterdenken anregen.

Zu meiner Person

Ich bin als der Enkelsohn eines Bauunternehmers und der Sohn eines Englischlehrers, sowie einer Kauffrau 1969 in einer Kleinstadt in Waldhessen zur Welt gekommen.

Mit drei Jahren habe ich im elterlichen Schwimmbad schwimmen gelernt. Mit fünf Jahren habe ich im Kindergarten Vorträge über Dinosaurier, Fossilien und den Walfang gehalten. Die klassischen Grimms Märchen fand ich als Kind langweilig und eher etwas für Mädchen.

Die Märchen „Die Schneekönigin", „Das kalte Herz" und die Fabel „Reineke Fuchs" fand ich trotzdem spannend und prägend. In der Fiktion jedoch konnte ich versinken und meine Fantasie nähren.

Ausgelöst durch die magische Anziehungskraft die großer Tiere auf mich ausüben, wurde die Geschichte von „*Moby-Dick*" [1]in meiner frühesten Kindheit zu einer meiner Traumwelten.

Sie ist auch heute noch eines meiner lebendigen Systeme. Jedes Mal, wenn ich mich erneut mit ihr auseinandersetze, finde ich neue Interpretationsmöglichkeiten, Perspektiven, Symbole und Metaphern.

Die zentrale Frage ist für mich die Ursache für das manipulative Verhalten Ahabs, die Mannschaft gegen jede Vernunft und trotz des Widerstands Genossen zu

---

[1] Moby Dick, USA 1956,Herman Melville, John Huston, Warner Bros

machen, zu finden.

Der beindruckendste Moment in der Novelle ist, der gleichzeitig den „Point of no return" darstellt, die Erzeugung einer Phantasmagorie durch Ahab, der lediglich sein physikalisches Wissen und damit das Elmsfeuers ausnutzt, um die Besatzung dadurch in ein Delirium zu versetzen.

Als Ergebnis verschmelzen Ahab, die Crew und das Schiff bei dem darauffolgenden Blutritual zu einem Wesen, das einem Willen gehorcht. Es entsteht der L… - aber dazu später mehr.

Mit sieben Jahren habe ich den Spielfilm „*Die Zeitmaschine*" von H. G. Wells und George Pal gesehen und konnte die ganze Nacht nicht schlafen. Zwei Thesen haben mich besonders geprägt:

1.)Es gibt fünf Dimensionen und dadurch die Möglichkeit des Aushebelns des Ursache Wirkung Prinzips: Das Entstehen des Henne Ei Paradoxon.

Wer kennt die Schlüsselszene am Ende des Films nicht, als dem besten Freund des Reisenden die Schleifspuren der Zeitmaschine auffallen und er sagt:[…]„*Dann hat er die so schwer bewegliche Maschine hierher zurückgezogen und dabei zerkratzte er den Fußboden. Jetzt kann er von neuem außerhalb der Höhle wieder auftauchen und den Eloi helfen beim Bau einer neuen Welt,- beim Bau einer Welt die ihm dann selber gehört.*"[…][2]

In dem Falle, dass ich mit solch einem Gerät in einer vulkanischen Höhle gefangen bin, habe ich die

---

[2]Die Zeitmaschine, USA 1960,H.G. Wells, George Pal, MGM

zwei Möglichkeiten entweder in die Vergangenheit, also in die Zeit vor dem vulkanischen Ausbruch zu reisen oder in die Zukunft, also in die Zeit nachdem der Berg wieder erodiert wurde. Dann brauche ich diese Maschine nur noch aus der fiktiven Höhle ins Freie zuziehen. Nun kann ich in meine Gegenwart zurückkehren und werde mich schließlich befreit außerhalb des vulkanischen Gefängnisses wiederfinden.

Genaugenommen gibt es keine eindeutige logische und damit richtige Antwort, dies nennt man Dialektik, die an dem folgenden Beispiel noch näher erklärt werden soll:

~Man reist zwar risikolos, aber sicher ohne neue Erkenntnisse zurück in die Vergangenheit!

~Man reist zwar mit einem Risiko, aber dadurch hat man die Chance auf neue Erkenntnisse in die Zukunft!

Damit sind die Möglichkeiten der Dialektik erschöpft und bieten nun Raum für eine weitere Lösung durch Anerkennung der hypothetischen Gesetzmäßigkeiten des Zeitreisemodells.

Weil der Held in der Fiktion auch in die Vergangenheit reisen konnte, musste die Vorrichtung eine Technik besessen haben, die die lineare Kausalität umgehen konnte. Diese kann man umgehen, indem man eine Maschine baut, die eine Einstein-Rosen-Brücke erzeugen kann und die eine Quelle für exotische Materie besitzt, um das entstandene Vortex damit zu stabilisieren. Wurmlöcher können nun entweder zwei Orte derselben Raumzeit oder einen Ort mit verschiedenen Raumzeiten miteinander verbinden.

Wie heißt es so schön, was man nicht im Kopf hat, muss man in den Beinen haben.

2.)Die Morlocks sehen zwar hässlich aus und hausen in Höhlen, sind aber den hübschen, dummen und unselbstständigen Elois intellektuell praktisch überlegen.

Auf der anderen Seite sind die Morlocks Sklaven dieser Hominiden, denn ohne die Fürsorge würden erst diese, dann sie selbst sterben.

Plötzlich kommt ein Reisender, der die verborgenen Talente der Elois für deren Selbstständigkeit erkennt. Er wird sozusagen zum Katalysator, der deren geistige Geburt auslöst. Es entsteht eine Symbiose, die das Ende der beiden Spezies zur Folge hat und gleichzeitig die Genese einer neuen Existenz beinhaltet. So entsteht eine neue Gesellschaft aus aufgeklärten Menschen. Genaugenommen wird man zum Zeuge einer kulturellen Revolution.

Schon als Grundschulkind konnte ich mich stundenlang alleine beschäftigen. Eine begrünte Trockenmauer konnte mich in ihren Bann ziehen. Allerlei seltsame Krabbeltiere, Schnecken und wenn man den Jackpot gezogen hatte, eine Blindschleiche oder eine Eidechse. Ich kann mich noch an den Schreck erinnern den ich bekam, nachdem ich flink wie ein Wiesel eine Zauneidechse mit den Händen fing und von ihr nur noch den zuckenden abgestoßenen Schwanz in der Hand übrig behielt, den ich dann aus lauter Überraschung vor mir auf den Boden warf. Diese Welt war voller Abenteuer.

Bei schlechtem Wetter verschlang ich Sachbücher oder spielte Jagd auf den weißen Wal. Dazu formte ich Knete zu einem Walkörper. In den Korpus pflanzte ich anschließend farbige Knetorgane ein. Zuletzt wurde der Wal mit aufgefädelten Nähnadeln harpuniert, ausgeweidet und zu Tran verkocht.

Am liebstem aber spielte ich mit Max, der heute ein Doktor der Biologie ist. Er ist ein Jahr älter als ich und war damals von Berlin nach Melsungen gezogen.

Mit ihm konnte man „Expeditionen" unternehmen, heimlich eine Zigarette rauchen. Er hatte ein Mikroskop und wusste um ein großes Geheimnis, nämlich, wie die Babys in den Bauch der Mütter kamen.

Hochsensivität

Am Tag meiner Erstkommunion erlitt ich die erste einer Reihe von Synkopen während der Heiligen Messe in der Kirche.

Trotzdem musste ich auf Drängen meiner Familie Messdiener werden. Samstagabends hatte ich meist schon Angst vor dem Sonntag. Ich schätze von fünf Gottesdiensten überstand ich drei ohne ohnmächtig zu werden.

Ich freute mich, wenn meine Eltern mich und mein Schwesterherz samstags bei Oma oder ihrer Schwester Dadda ließen, um in Ruhe feiern gehen zu können. Dadurch war dann der Sonntag kirchenfrei.

Heute kenne ich den Auslöser für meine Anfälle.

Die Randbedingungen zur Analyse der Ursache sind, dass die Ohnmachten eigentlich immer in der Kirche passierten und nur an den Tagen an denen ich als Ministrant Dienst hatte. Fast immer ereilten sie mich während der Wandlung beim Knien.

Also scheiden Epilepsie, eine Herzinsuffizienz oder eine reine psychosomatische Ursache von vorneherein aus.

Vor zwei Jahren hatte ich aber seit sehr langer Zeit erneut einen Beinahe-Blackout während einer Flugreise. Gleich nach dem Start des Fliegers blies ich ein mitgebrachtes Nackenkissen auf, legte es um meinen Hals und machte es mir anschließend auf meinem Sitz bequem. Nach circa einer Minute wurde mir dann schwarz vor Augen. Es war das gleiche Gefühl wie ich es damals als Messgehilfe während der Messfeier hatte. Als ich das Kissen entfernte, um mehr Luft zu bekommen, besserte sich mein Zustand schnell. Nach dreißig Jahren Rätsel raten wusste ich nun, warum ich immer in der Kirche ohnmächtig geworden bin.

Am Tag meiner Erstkommunion trug ich ein Hemd mit einem zugeknöpften Kragen und als Messdiener immer eine gestärkte Kutte. Allein die Angst vor dem Gefühl der Ohnmacht schuf jeden Sonntag ein stressiges, den Kreislauf negativ begünstigendes Setting. So nährte die Angst die Angst. Die vielen Menschen in dem überfüllten Gotteshaus überlasteten dann noch zusätzlich meine Sinne.

So dass sich beim Niederknien während der Eucharistiefeier der steife Kragen der Kutte nach oben schob, dadurch auf meine scheinbar überempfindliche Karotis drückte und somit das Fass zum Überlaufen brachte.

Es kam zum sogenannten Sinus-Karotis Syndrom, was die Kreislaufschwäche schließlich auslöste.

Die Antwort hatte also sofort eine neue Frage zur Folge. Warum war meine Karotis so empfindlich? Nun, empfindlich ist der falsche Ausdruck dafür. Dort sitzen hochsensitive Rezeptoren. Da mein ganzes Nervensystem so gestrickt ist, wäre dies keine Überraschung.

Durch die niedrige Reizschwelle meines Sinnesapparats wird es möglich, ein Vielfaches dessen eines normalsensitiven Menschen an Sinneseindrücken, die überdies noch weniger vorgefiltert werden, aufzunehmen. Um die ganze Datenflut bewältigen zu können, wird die rechte Hirnhälfte zum Verarbeiten der Informationen benutzt. Mein Gehirn wandelt die Informationen ausschließlich durch nonverbales, räumlich visuelles Denken um. Diese Denkart hat den Vorteil, dass diese zigmal schneller abläuft, als das durch Aneinanderreihung von Wörtern zu Sätzen, sogenanntes verbal sequentielle Denken, das dadurch, auf circa 100 Wörter pro Minute beschränkt wird.

Das visuelle Bearbeiten geht derartig schnell, dass vieles davon im Unterbewusstsein abläuft.

Durch überfüllte Kaufhäuser oder Innenstädte zu laufen wird für mich zu einem regelrechten Spießrutenlauf. Sehr wohl fühle ich mich hingegen in der Natur, deren Sinneseindrücke von mir als sehr angenehm empfunden werden. Dort bleibt mir dann auch nichts verborgen.

So passiert es schon Mal, dass ich für mich selbst unbewusst in eine Richtung des Waldrandes schaue und Sekunden später dann dort ein Reh auswechselt.

Ich bin mir sicher, dass dies auch der entscheidender evolutionärer Grund ist, warum ein kleiner Teil der Menschen dieses Naturell haben.

Außerdem ist die Veranlagung, und da bin ich mir genauso sicher, die Grundvoraussetzung für eine Hochbegabung. Also ist ein hochbegabter Mensch immer auch ein hochsensitiver.

Es liefert dann auch gleich die Erklärung für meine Aversion gegenüber Hemden mit Krawatten zu tragen, meinen ständig zu niedrigen Blutdruck und meine lageabhängigen Herzrhythmusstörungen …

Anhand dieses Beispiels sollte meine Art, vernetzt zu denken, veranschaulicht werden. Häufig ist dann auch die Übertreibung oder Karikatur einer Sache sehr hilfreich, um die Wahrheit zu finden.

Wenn ich nun dreißig Jahre zurückschaue, ist dies das Einzige, was ich meinen Eltern vorwerfe.

Sie glaubten, ich würde simulieren.

Alle anderen Gebote, Verbote und teilweisen strengen Regeln aber auch sehr viele Möglichkeiten, mich frei zu entfalten, taten mir gut. Ich kann es ihnen noch nicht mal Übel nehmen, dass ich das Gefühl hatte, nicht verstanden zu werden. Doch heute ist aus dieser Empfindung die Gewissheit geworden, dass es auch Menschen gibt, die mich begreifen.

Die Samstagabende bei Dadda, der Schwester meiner Oma, waren immer wundervoll. Sie heizte mit einem Ölofen, hatte einen tollen Holzbaukasten und einen Schwarzweißfernseher. Im Schlafzimmer hatte sie keine Heizung. Bevor wir schlafen gingen, legte sie dann eine Wärmflasche in mein Bett. Die Kissen und die Decken waren riesig und mit Daunen gefüllt.

Sie konnte spannende Gute-Nacht-Geschichten erzählen. Am meisten mochte ich die Geschichten aus dem Krieg. Die faszinierendste dieser Geschichten war die von der Bombennacht in Kassel 1944. Man konnte noch, von ihrem Schlafzimmerfester aus, den Feuersturm der 25 Kilometer entfernten Stadt sehen. Als Abendbrot gab es auf meinen Wunsch immer Reis mit Tomatensauce. Im Nachhinein war es wie eine Reise in eine längst vergangene Zeit. Von ihrem im Krieg gefallenen Mann erzählte mir die warmherzige Frau nie.

Oma Irmgard war zu mir auch immer sehr liebevoll. Sie kochte mir immer sehr leckere Sachen.

Bei ihr durfte ich Kaffee trinken. Meine Mutter behandelte sie wie ein kleines Kind. Wenn meine Mama eine neue Bluse kaufte, brauchte sie auch eine neue. Zu ihren Geschwistern hatte sie ein ständig angespanntes Verhältnis.

Sie mochte es nicht, wenn ich Freunde zum Schwimmen einlud. Wenn ich dann um ihre Erlaubnis bettelte und bettelte, um ihr klar zu machen, dass der Max doch ein guter Freund wäre antwortete sie, ich wisse nicht was Freundschaft bedeute. Dann erzählte sie mir eine Geschichte von einem im Eis der Fulda eingebrochen Jungen, der von einem anderen Jungen gerettet wurde und das unsichtbare Band, das dadurch zwischen ihnen entstanden war. Im Grunde hatte sie recht.

Meine tiefen Freundschaften, die sich zwar nur auf nur einige wenige beschränken, welche aber teilweise schon über zwanzig Jahre bestehen haben eines gemeinsam: Freunde laufen auf der Straße nicht in einen rein. Es bringt auch nichts, jeden Menschen gleich zum Kaffee nach Hause einzuladen. Kameraden suchen sich gegenseitig aus und sie entstehen meist aus einer gemeinsamen schicksalhaften Episode.

Auch der perfekteste Herzensbruder hat seine Schwächen. Schwächen, die einen zutiefst verletzen können. Entweder man respektiert diese Schwächen, denn man ist ja selbst nicht ohne diese, oder eben nicht, aber dann demonstriert man damit, dass man es versäumt hat, zu lernen sich selbst zu respektieren und was das Wort Vergebung bedeutet.

Jedes Jahr machten Oma und Opa zwei Monate Urlaub an der italienischen Riviera. Oma verbrachte den Tag am Strand mit Arztromanen, Kreuzworträtseln und den auf den Liegestühlen abgelegten Frauen von Doktoren und Honoratioren.

Mein Großvater hingegen trieb Sport, freundete sich mit Einheimischen an, ging auf Entdeckungstour und während der Mittagshitze schlief er oder las Belletristik im kühlen Hotelzimmer.

Zuhause war meine Großmutter den ganzen Tag mit dem Haushalt beschäftigt. Sie stand im Sommer um sechs Uhr auf und harkte den Gemüsegarten, pflanzte Blumen, erntete Gemüse, dann machte sie für ihren Mann Frühstück. Sie kochte gern Arme-Leute-Essen, was toll schmeckte. Im Haushalt meiner Mutter half sie nicht. Jede Woche kam ihre Busenfreundin mit ihrem Mann zu Besuch. Ihre Freundin fraß sich und ihr Mann soff sich bei ihr durch. Nach dem Essen wurde sie dann in der Regel von ihrer Base gefragt, ob sie eine „Gacke" wollte und die fingerte in ihrer Tasche bis sie schließlich ein Röhrchen Abführmittel in der Hand hielt.

Als ich danach fragte, warum sie beide Abführmittel nehmen müssten, antworteten sie gemeinsam, dass dann damit das Essen schneller verdaut würde und sie so schlank bleiben würden. Seltsamerweise war ihre Busenfreundin alles andere als schlank.

Ihr Mann trug immer einen Silberring in Form eines Totenkopfes an seinem rechten Ringfinger. Er liebte es, mit der gespreizten Hand mit seinen Fingern auf der Tischplatte zu trommeln. Dabei schlug der Ring auf dem Holz des Tisches an und machte ein klackerndes Geräusch. Seine Mimik veränderte sich dabei als würde ihn das Geräusch in eine Hochstimmung versetzen.

Opa erzählte mir dann über ihn, dass er bei der Waffen SS Division Totenkopf gewesen wäre. In Stalingrad wurden bei einem Einsatz dreiviertel seines Zuges zusammengeschossen. Er hätte dann die Stellung zurück erobern können. Hierbei wurde er verwundet, auf dem Felde zum Offizier befördert, mit Verwundetenabzeichen, dem Eisernen Kreuz ausgezeichnet und durch den Heimatschuss erhielt er eines der letzten Tickets für einen Flug aus dem Kessel.

Das Eiserne Kreuz

Zum Eiserne Kreuz, der schwarz-rot-gelbe Fahne und Richard Wagner fällt mir eigentlich nur eines ein, dass sie eines gemeinsam haben: Sie sind Symbole für die Freiheitsbewegung in Deutschland. Doch besinnt man sich hier nicht mehr auf diese hehren Symbole, weil die Deutschen in der Hitler-Zeit einer Massenamnesie erlegen sind und nur noch die Schuld im Herzen tragen?

Nein, weil unsere Lehrer sich aus dem „Linken Lager" rekrutieren oder im Schuldienst dazu werden. Weil sie es verlernt haben, selbst zu denken und bis zur zehnten Klasse viel zu viele PMS gesteuerte Lehrerinnen die Schüler noch obendrein verwirren und sie immer wieder mit Schuldgefühlen traumatisieren.

Gängige Praxis sind auch auf die Frage über den Nationalstolz ausweichende Antworten wie, ja Frankreich hat einen großen Nationalstolz, weil sie als unschuldige Nation, im Gegensatz zu Deutschland, auch ein Recht darauf haben.

Manchmal wünsche ich mir eine totale Privatisierung unseres Schulsystems. Dann hätten wir über Nacht liberale Lehrer und aufgeklärte Schüler!

Das Eiserne Kreuz wurde im Jahre 1813 von dem preußischen, aufgeklärten König Friedrich Wilhelm als Tapferkeitsauszeichnung für alle Dienstgrade für Tapferkeit im Kampf für die Freiheit gegen Napoleon gestiftet. Es wurde typisch deutsch, Eisen gewählt. Gold zu Eisen, Eisen zur Ehr!

Der Orden wurde zum Beispiel Gebhard von Blücher für außerordentliche Leistungen im Kampf für die Freiheit bei Waterloo in einer Sonderstufe verliehen. Auch Hindenburg hatte einen und unser Gefreiter Adolf Hitler auch. Im ersten großen Krieg wurden 5.000.000 Stück verliehen, viele davon quasi wie das amerikanische Purple Heart, welches erstmals anlässlich des Freiheitskrieges gegen die Krone Englands 1782 von George Washington gestiftet wurde, posthum.

In der fast 150-jährigen Geschichte des Eisernen Kreuzes, also bis 1945, wurde es nur sechs Jahre lang von Faschisten gestiftet. Wobei es zu den untersten Auszeichnungen degradiert wurde. Die höchsten Auszeichnungen der Nazis waren allesamt deren Neuschöpfungen, in Form des Deutschen Kreuzes oder der Ritterkreuzserie.

Der entscheidende diskriminierende Akt war dann 1954 die Wandlung durch die DDR in den faschistischen Blutorden.

Also sollte es eine Selbstverständlichkeit sein, das größte Symbol für den Kampf für die Freiheit unseren kämpfenden Soldaten als Auszeichnung für die Tapferkeit zu stiften.

Ach ja, ich vergaß die Lehrer und die Regierung unserer neuen DDR und die herbeigeführte Schuld die auf Auszeichnung lastet.

Nun, angesichts des Rücktritts unseres Bundespräsidenten im Jahr 2010, der wohl das was er sagt, selbst nicht mehr geglaubt hat, stellt man sich die Frage, wofür brauchen wir Deutschen noch eine Bundeswehr?

Der Kalte Krieg ist vorbei, unseren Bündnispartnern helfen wir mit Soldaten die mit Holzgewehren bewaffnet sind. Und wenn dann mal an die Öffentlichkeit kommt, aus Vorsicht einen Kollateralschaden verursacht zu haben, werden Gelder für einen Untersuchungsausschuss rausgeschmissen und ehrenwerte Offiziere, die deshalb welche geworden sind, weil sie eigenverantwortlich handeln, entlassen. Der tatsächliche Grund für die Bombardierung der vom Feind gestohlenen Tanklastzüge, nämlich die militärische Doktrin, den Feind vom Nachschub abzuschneiden, wird wegen der Unmündigkeit unserer Gesellschaft einfach unterschlagen. Ohne Wissen der Befehlshaber hatte der Konvoi sich nun durch das Festfahren im Treibsand selbst ausmanövriert. Also wird dann der verunfallte Schießbefehl mit fadenscheinigen, hypothetischen, Lügengeschichten vertuscht! Warum Frau Lehrerin? Weil wir von vorne herein Schuld sind!

Übrigens, in den beiden Offensivoperationen der Amerikaner im Irak wurden mehr eigene Panzer durch den moralisch noch viel schwerer wiegenden Eigenbeschuss zerstört, als durch feindliches Feuer! Durch Feindeinwirkung wurde nicht ein einziger Abrahams Panzer vernichtet. Warum wohl?

Weil man dies auf der Militärakademie lernt! – Entscheidungen moralisch abzuwägen und Eigenbeschuss in Kauf zu nehmen; weil man dadurch viele andere Truppenteile retten kann. Keiner, weder das Militär, noch der Generalstab, noch die amerikanische Bevölkerung bauschen dies auf. Nein, es wird in sehr einfühlsamen Antikriegsfilmen verarbeitet.

Und die Aussage Köhlers zur Rechtfertigung militärischer Auseinandersetzungen, zur Sicherung der freien Handelswege, erklärt sich schon aus der Tatsache eine Exportnation zu sein, und ganz wichtig, dass das Wort „freie", also der Freiheit wegen, im Satz enthalten ist.

Nun, aber zu was brauchen wir nun unserer Jungs? Vielleicht als eine Art Carabinieri, um die neue deutsche Freiheitsbewegung zu unterdrücken?

Ach ja, ich vergaß unsere neue DDR-Regierung: jeder Berufssoldat ist ein schwer vermittelbarer Arbeitsloser weniger!

Am Abendbrottisch meiner Großeltern und deren Verwandtschaft war auch manchmal die Vernichtung der Juden das Thema. Der Mann einer Großtante war ein Verfechter der Ausschwitzlüge. Meine Omi hatte harte Vorurteile gegenüber den Juden. Sie sagte immer, dass ihr Vater in den 20er Jahren durch faule jüdische Wechselgeschäfte in finanzielle Schieflage geriet und den Betrieb schließen musste. Ihre Ausschweifungen endeten meist mit dem Satz, dass die Juden ja schließlich auch Christus ans Kreuz geschlagen hätten.

Wenn ich mich dann einmischend äußerte, dass die römischen Besatzer Christus an das Kreuz geschlagen haben, antwortete sie: „Siehst Du Junge, die haben sogar die gläubigen Römer gegen Jesus aufgehetzt. Adolf Hitler hat sich von anderen nichts gefallen lassen, er hat für Arbeit, Zucht und Ordnung gesorgt."

-Selbst Jahrzehnte nach dem Ende des Krieges war sie immer noch ein wenig „Braun". Ich bin mir sicher, dass ihre traumatisierende Jugend schuld daran war. Sie litt dadurch ihr ganzes Leben an einer leichten histrionischen Persönlichkeitsstörung.

Als Auslöser dieser Störung kommt mein Ur-großvater in Frage, der in der Weltwirtschaftskrise zwei Jahre lang, wegen Arbeitsmangel, die Zeit aus Frustration in der Wirtschaft totschlug, während seine Familie und das damals achtjährige Nesthäkchen zuhause auf ihn warteten. Dadda sagte mal in diesem Zusammenhang, dass es zwar keine lange Zeit des Elends war aber dafür gab es täglich Geschrei, Zank und Streit in der Familie. Da es sich dabei aber um ihren Vater handelte, spaltete sie die Schuld von ihm ab und übertrug sie auf die Juden.

Mein Großvater schlichtete meistens mit dem Satz, dass dies alles Schnee von gestern wäre und der Krieg, Gott sei Dank, lange vorbei sei.

Darauf bekam er von dem SS-Mann zur Antwort: „Was willst Du denn Otto, warst Du denn auch dabei?"

Er entgegnete dann, das es Größenwahn gewesen wäre, sich mit der halben Welt anzulegen und es schließlich nichts Besseres hätte geben können, am Ende des Schlachtens vom Ami besetzt zu werden. Dadurch hätte dann Deutschland den Krieg eigentlich gewonnen.

Mein Opa Otto wuchs in der Zeit nach dem Ersten Krieg in Eschwege in einer Arbeiterfamilie auf. Er hatte noch eine zwei Jahre jüngere Schwester. Seine Interessen waren vielfältig. Schon als Kind verdiente er sich etwas Geld, um sich zum Beispiel eine Violine kaufen zu können, auf der er auch spielen konnte. Ein Fahrrad sparte er sich ebenfalls zusammen. Damit konnte er jetzt die Umgebung auskundschaften und kam so mit der Fliegerei in Berührung. Er erlernte den Beruf des Schriftsetzers. In der Weltwirtschaftskrise wurde er dann arbeitslos. 1933 meldete er sich freiwillig bei der Luftwaffe zur Pilotenausbildung. Nach der Grundausbildung wurde er ausgemustert, weil er einen Zentimeter zu klein war, als gefordert. Also blieb er beim Bodenpersonal. Die Mindestgröße für Piloten war 1,65 Meter.

Wenn man ihn fragte, ob er deswegen traurig gewesen wäre, lachte er und sagte: „Das hat mir mein Leben gerettet, während unsere Flieger oben waren und abgeschossen wurden, machten wir am Boden Dummheiten. Nur ab und an ein Tieffliegerangriff, Flüchtlinge, nicht zurückkehrende Mannschaften, aber auch Züge mit deportierten Juden machten uns dann wieder bewusst, dass Krieg war."

Für ihn war es das große Abenteuer. Champagner, Cognac, Wodka und Melonen von der Krim, die mangels einer Brücke, von dem einem Ufer des Dnjeprs, von ihm, mit einem Arm schwimmend rüber geholt wurden. Auf einem Flugplatz in Russland wurde ein T-34 Panzer erbeutet. Mein Opi setzte also den Panzer in Gang, fuhr mit seinen Kameraden in einen nahegelegenen Steinbruch und machte Probeschüsse. Sein großes Organisationstalent, seine offene ehrliche Art, verschafften ihm zwar keine Orden und Sterne, aber dafür tolle Posten. Zuletzt war er Geschwader Schirrmeister. Kurz vor Kriegsende war er auf dem Flugplatz in Pilsen stationiert. Dort endtankte er ein Flugzeug und besorgte sich ein Geschütz. Eine ausgemusterte U-Boot-Kanone. Dann flüchtete er mit dem nun „kriegswichtigen Gerät" und ein paar Kameraden durch die deutschen Frontlinie, Richtung Westen. Dort ergab er sich einem Zug amerikanischen GI's. Die Amis gaben ihm zu verstehen, dass sie jetzt mit ihnen ins Kriegsgefangenlager kommen sollten.

Er antwortete: „Wie laufen? Ich bin den ganzen Krieg über keinen Schritt zu Fuß gelaufen, dann geh ich auch nicht zu Fuß in die Gefangenschaft. Da hinten um die Ecke steht ein vollgetankter Opel-Blitz, wenn man die Ladefläche frei räumt hättet auch ihr noch Platz zum Mitfahren."

Die Amis schüttelten nur mit dem Kopf und trauten ihren Augen nicht, als unter der Plane des LKWs ein Geschütz zum Vorschein kam. Aber ihre Verwunderung wurde noch größer, dass der Tank mit Treibstoff gefüllt war. Gefüllt mit dem letzten Flugbenzin, der längst besiegten Luftwaffe.

Ich sage doch, was man nicht im Kopf hat …

Nach der Kapitulation arbeitete er im Landratsamt, um dann 1949 zusammen mit seinem Schwiegervater und seinem Schwager das Bauunternehmen wieder zu eröffnen.

Er alleine ist der Grund für den unternehmerischen Erfolg in der Zeit zwischen 1949 bis 1995 meines Familienunternehmens.

Die Zeit mit ihm als Kind war aufregend. Bei ihm konnte man lernen wie man Hühner schlachtete und dass ein Huhn ohne Kopf noch eine Weile fliegen kann. Das Ausweiden wurde von ihm zelebriert. Jedes Organ wurde beschrieben, begutachtet, und aufgeschnitten. So saß im Hals ein Kropf, der voller Weizenkörner war. Dann kam der Magen, in dem befanden sich verschluckte Steinchen. Der Magen selbst war ein harter Muskel. Zuletzt kam der Darm, mit den angegliederten Eierstöcken in denen Eier in verschiedenen Entwicklungsstadien waren, zum Vorschein. Ein Tier mit nur einem Ausgang für alles?!

Diese Momente waren für mich das Größte. Auch versuchte er mir den höflichen, respektvollen Umgang mit anderen Menschen beizubringen. Er machte mir deutlich, was ein Händedruck bedeutete und immer saß ihm der Schalk im Nacken. Er machte sich über sich selber lustig und bezeichnete sich selbst als Ketzer, ja er war Stolz der einzige Protestant in der Familie voller Kanzelfurzern zu sein. Seine Frau wurde dann fuchsteufelswild und maßregelte ihn, am liebsten in der Gesellschaft anderer.

Wenn wir dann wieder alleine waren und ich ihn darauf ansprach, sagte er zu mir: „Junge, gegen die Dummheit kämpfen selbst die Götter vergebens."

Mit zehn Jahren galt ich im Religionsunterricht und bei der Großmutter meiner Großcousine als ein verrückter Junge. Ich vertrat die Meinung, das Adam und Eva nicht die ersten Menschen gewesen seien, sondern das wären welche, die affenähnlich ausgesehen hätten, Neandertaler hießen und hätten im benachbarten Rhünda gelebt.

Jetzt war ich alt genug, um allein auf den Spielplatz zu gehen, doch ich ging lieber an einen Bach oder in die Hecke des alten Schiessgrabens, aber am liebsten zündelte ich und machte in allen möglichen Variationen Feuer. Meine beste Freundin war mal Tina, dann

Susi im Wechsel. Mit Mädels habe ich mich damals viel besser verstanden und ich wurde von ihnen bewundert, vielleicht auch weil ich Spinnen und Käfer in die Hand nahm und wusste, wie sie heißen.

Der Frühling hatte für mich schon damals was Magisches. In den Osterferien suchte ich die umliegenden Gewässer nach Froschlaich ab, der dann in ein Aquarium mit Kies und Pflanzen landete. Der Platz für das Becken musste sorgsam gewählt werden, es durfte keine direkte Sonne draufscheinen. Es war unglaublich, aus einem Ei wurde eine fischähnliche Larve, dann eine Kaulquappe die sich dann immer mehr zum lungenatmenden Landtier verwandelte. Der evolutionäre Sprung vom Wasser aufs Land in einem Schaukasten vor der Tür.

Ab der fünften Klasse begann ich die Schule zu hassen. Wir bekamen neue Lehrer, Fächer und Mitschüler.

Bei unseren neuen Klassenlehrerin, eine dickliche 1,50m Frau, mitte Dreißig, hatte ich in Deutsch, Sport und Bio.

Der Mathematiklehrer hätte besser Sozialpädagoge werde sollen.

Kunst, Musik und Polytechnik wurde von jeweils einem Lehrer, der Lehramt auf dem zweiten Bildungsweg studiert hatte, unterrichtet.

Einzig der Lehrer für Sachkunde hatte Format.

Aber noch schlimmer als der Lehrkörper waren die neuen Schulkameraden, vor allem die Wieland-Brüder. Die waren schon von zwei Schulen geflogen und mobbten mich zwei unerträgliche Jahre lang. Und wenn ich mich darüber beschwerte, hatte das dann zur Folge, dass ich ihnen bei Gruppenarbeiten die Arbeit machen durfte. Innerhalb eines Jahres sackte meine Leistung um eine Note ab.

Jetzt musste ich jeden Tag Schönschrift, Diktate und Rechnen üben. Mann, wie ich das hasste.

In Sachkunde und Biologie war ich mit Abstand der Beste, mit dem Lehrstoff hatte ich mich in der Regel schon Jahre vorher beschäftigt, die unterrichtsbegleitenden Bücher, die es zu Beginn des Halbjahres gab, waren in einer Woche als Betthupferl konsumiert. Bei Unterrichtsfragen meldete ich mich immer und wusste auch die richtige und meist bessere Antwort. Häufig begründete ich diese durch mein empirisches Wissen. Hier mal zwei Fallbeispiele:

Lehrerin: „Heute beginnen wir ein neues Thema, der menschliche Körper. Der Mensch unterscheidet sich vom Affen durch den aufrechten Gang. Was ist der auffälligste Unterschied?"

Dabei zeigte sie auf ein Poster, auf dem beide Spezies nebeneinander im Profil abgebildet waren.

„Frau L., das Auffälligste ist die Lage des Schwerpunkts."

„Wie, die Lage des Schwerpunkts? Komm mal vor und zeig mir mal den Schwerpunkt."

Ich ging nach vorn und zeigte mit dem Finger auf das Becken des Menschen.

„Ach du meinst mit Schwerpunkt das Becken."

„Das Becken ist zwar auch anders, aber durch die Lageverschiebung des Schwerpunkts nach hinten unten machte er erst den aufrechten Gang möglich."

27

„Setz dich wieder hin", dabei schob sie den Posterhalter beiseite, ein menschliches Skelett kam zum Vorschein und ein für sie entlastendes erstauntes Raunen der Mitschüler ging durch die Klasse.

oder

„Hat noch jemand Fragen zum Eisprung? Ja, Matthias."

„Viele weibliche Tiere sind an ihren fruchtbaren Tagen ganz besonders erregt und paarungswillig, ist das bei Frauen auch so?"

Wen sollte ich auch fragen, denn das Internet gab es noch nicht und so bekam ich zur Antwort:

„Ja, Ja. Ihr dürft jetzt zur Pause."

Irgendwann saß ich nur noch da und hängte ab.

Im Sportunterricht lief ich laut Aussage meiner Klassenlehrerin „rum wie Falschgeld".

Alle Mannschaftssportarten waren mir ein Graus. Es fehlte mir an Durchsetzungsvermögen. Im Freundeskreis ein bisschen Kicken machte hingegen Spaß. Als dann mal Schwimmen als Sport ein Halbjahr auf dem Lehrplan stand, freute ich mich, denn wenn ich was konnte, dann Schwimmen.

Gleich zu Beginn sollte jeder zeigen was er konnte. Ich demonstrierte mein Können und wurde kritisiert.

Lehrerin: „Du hast einen einseitigen Scherentritt."

Meine Klassenkameraden konnten sich gerade Mal über Wasser halten und ich hatte einen Scherentritt!

Fußball war damals unbewusst und heute bewusst eines meiner Quellen für Gedankenmodelle.

Wir hatten einen Schüler in der Klasse, der in allen Fächern schlechte Noten hatte, einen ganz harten

Bursche abgab und ein großes Talent für Fußball hatte. Im Grunde genommen spielte er nicht Fußball, nein für ihn war das Ganze ein Theaterstück in dem er die Hauptrolle hatte. Wenn er gefault wurde, flog er drei Meter über den Platz, er feierte die Tore wie Maradona, wenn seine Mannschaft verlor weinte er Sturzbäche und war dann durch nichts mehr zu beruhigen. Wenn er sich jedoch prügelte, der Lehrer ihn maßregelte, oder er schlechte Schularbeiten zurückbekam, weinte er nie.

Heute kann ich sein Verhalten verstehen. Sein Vater arbeitete als Dachdecker. Den Winter über war er zuhause und ständig besoffen. Dort ließ er dann die Puppen tanzen. Also das perfekte Umfeld zur Entwicklung einer histrionischen Persönlichkeitsstörung.

Sein Sohn ließ dafür die Puppen auf dem Fußballfeld tanzen.

Übrigens, sein jüngerer Bruder ist heute Discobesitzer, er lässt dann jede Samstagnacht die Besoffenen in seinem Schuppen zu seiner Musik tanzen.

Am Ende der Förderstufe wurde ich dann, trotz eines gymnasialtauglichen Zeugnisses von meinen Lehrern für die Realschule vorgeschlagen. Das brachte meinen Vater dann auf die Barrikaden, so dass dann der Vorschlag revidiert und die Versetzung in das Gymnasium erfolgte. Ab da wurde die Schule wieder erträglicher, schon alleine des Umstands wegen, dass die Lehrer dort besser ausgebildet waren.

Meinem Deutschlehrer habe ich viel zu verdanken. Er hat mich ständig unter Druck gesetzt, dadurch musste ich mich konzentrieren. Über zwei Jahre schliff er mich und ich bekam kein Lob.

In der zehnten Klasse musste jeder Schüler ein 45-minütiges Referat halten. Den Inhalt konnte man sich aussuchen. Meine Aufgabenstellung war: „Das Ende der Dinosaurier". Damals war dieses Gebiet noch ein echtes Nischenthema und der heute bewiesene Meteoriteneinschlag in Yukatan war nur eine von vielen Hypothesen für ihren Untergang.

Ich referierte über die Evolution der Saurier, angefangen vom ersten Landsaurier bis zur Blütezeit der großen Fleischfresser. Ich stellte die Hypothesen des Aussterbens vor und hielt die Meteoriten-Theorie für die Wahrscheinlichste, mit der Begründung, dass es in einem Zyklus von sechzig Millionen Jahren auf der Erde immer wieder zu einem Massenaussterben kommen würde. Die Zykluslänge entspräche genau einem Umlauf eines bekannten Meteoriten Schwarms.

„Matthias, das war bis jetzt das beste Referat, nicht nur spannend, sondern auch vollkommen frei vorgetragen. Eine glatte 1", meinte er.

Es war damals auch mein Traum, in die Schwimmmannschaft aufgenommen zu werden. Da ich aber in Sport eigentlich immer eine 4 bekam, wurde ich, trotz meiner Beteuerung, ein guter Wassersportler zu sein, übergangen. In der 10. Klasse wurde Sport zum Wahlfach. Ich wählte Schwimmen und machte meinen DLRG-Schein und bekam eine 2+. Meine erste 2 in Sport seit der 2. Klasse.

Bei den Schul-Schwimmmeisterschaften in der zehnten Klasse fehlten dann Schwimmer. Mein alter Sport- und Deutschlehrer fragte in die Klasse: „Wir brauchen noch einen für die Freistil Staffel am Freitag, wer hat Lust?"

Ich meldete mich.

„Du Matthias? Haben wir keinen anderen? Na ja, scheinbar bist Du der einzige. Dann bring Schwimmzeug mit."

Es war eine Viererstaffel und ich sollte das Schlusslicht machen. Davon war unser Lehrer zwar nicht begeistert, aber ich beteuerte: „Herr Lehrer, ich kann gut schwimmen, ich schaff das schon!"

Als ich dann an der Reihe war, lagen wir eine viertel Bahn zurück, ich machte einen Traum von Start-sprung, eine perfekte Rollwende und ging als Erster durchs Ziel. Mein Klassenlehrer war fassungslos.

„Matthias, Du graulst ja wie der Teufel, Du über-raschst mich immer mehr. Das hätte ich Dir niemals zugetraut."

Mein Lehrer in Bio und Chemie bis zur 10. Klasse hatte einen Doktortitel. Im Unterricht neckten wir uns immer. Jetzt wusste ich auch wie eine 1 auf einer Klassenarbeit aussah.

Im Zeugnis bekam ich während meiner 13 Schul-jahre nur ein einziges Mal eine 1 in Bio.

Nach einer Deutschstunde rief mich mein Klas-senlehrer zu sich und bat mich, einen Chemieversuch für die nächste Stunde vorzubereiten. Seine Begrün-dung war, der Chemielehrer beschwere sich über die Klasse, weil sie nicht gelernt hätte, Protokolle zu schreiben.

„Warum ich Herr L.?"

„Euer Lehrer hat gesagt, Du wärst der Beste in

Chemie."

„Ich habe nur eine 2, Mira hat eine 1."

„Herr Dr. L. sagt, Du hättest zwar nicht die beste Note, aber nur deshalb, weil Du deine Hausaufgaben auf Schmierzetteln fünf Minuten vor Unterrichtsbeginn machst und am Ende des Schuljahres deine Abschrift von Miras Mitschrift abgibst, weil Du während der Chemiestunde nichts mitgeschrieben hättest. Also, Du bereitest einen Versuch vor und ich erkläre Euch, wie man ein Versuchsprotokoll erstellt."

Ich bereitete einen komplizierten Redox-Versuch vor. Mein Lehrer war erstaunt, welche Chemikalien mein Chemiekasten beherbergte. Wie zum Beispiel konzentrierte organische und anorganische Säuren. Am Ende des Experiments wurde ich mit Lob überschüttet. An meiner Arbeitsweise in Chemie änderte sich trotzdem nichts.

Die schlechtesten Lehrer die ich in meiner Schullaufbahn hatte, waren durchweg weiblich.

So hatte ich bis zur 10 eine Lehrerin für Geschichte, Sozialkunde und Gesellschaftskunde, die besser in einer Sekte für ständig depressive Pessimisten aufgehoben gewesen wäre, anstatt in einer Welt von Atomangst, Vergangenheitsbewältigung und Umweltzerstörung lebenden, pubertierenden Schülern umherzugeistern.

Sie bemerkte an einem Wandertag: „Schaut Kinder, die Bäume und der Wald, in zehn Jahren gibt es das nicht mehr und wir sind schuld."

1983, zu dem 100. Todestag des größten Denkers und Künstlers des 19. Jahrhunderts: „Kinder jeden

Abend laufen Wagneropern im Fernsehen. Dicke Menschen, die auf dem Boden liegen und zu einem Krach von Musik jaulen. Und außerdem ist das Nazi-Musik."

Warum hat Deutschland den Zweiten Weltkrieg begonnen: „Adolf Hitler hat dem deutschen Volk mit Geld aus Krediten aus Amerika Arbeit gegeben, und als es an die Rückzahlung des Geldes ging, hat Hitler den Krieg angefangen."

„Auch Melsungen ist vor einer Atombombe nicht sicher, hier gibt es ein wichtiges strategisches Ziel, nämlich die Firma Braun."

Schade, dass es bei den Verbeamteten nicht diese strenge Auslese gibt, wie bei den Selbstständigen in der freien Wirtschaft. Schlimmstenfalls wurde dann so jemand „Sozialdemokrat" oder „Grüner", bildete dann dadurch den jeweiligen linken Gegenpol zu den Rechtsanwälten in seiner Partei und wurde dann letztlich noch ein unqualifizierter Politiker, der nach zig Jahren unermüdlicher Zersetzungsarbeit in seinem Sozialismus, nun endlich in der Fraktion der „Linken" am Ziel seiner realexistierenden Träume angelangt ist. Und trotzdem, danke Herr/Frau Lehrer/in, wären Sie nicht gewesen, so hätte ich sicherlich niemals begonnen, Ihre Lebensweisheiten nicht zu den meinen zu machen.

Über eine der oben genannten Frage möchte ich nun philosophieren:

Hitlers Kriegsgrund
Dazu bediene ich mich hauptsächlich folgenden

Thesen:

„Nichts ist Gott gleicher als ein General auf dem Schlacht-feld"[3], [nach der Schlacht zeigt er, was für Einer er ist.]

Es gibt nur einen Rechtfertigungsgrund für den Krieg: die Freiheit.

Der Gegner, der der Freiheit wegen kämpft, ist unbesiegbar.

"Give me liberty, or give me death", Patrick Henry.

Die Menschheit liebt es, bunte Fahnen zu schwenken, sich zu uniformieren, dann verwandelt sie sich in eine brodelnde Masse und jubelt ihrem hoffentlich siegreichen Verein zu. Und der Verein spiegelt zurück und erschafft dadurch beinahe eine sich selbst verstärkende Endlosschleife.

Fußballspieler sind alle auswechselbar, wichtig ist die Farbe des Vereins und am wichtigsten ist, dass er immer siegt.

Für die meisten Menschen ist es nicht wichtig, warum sie nicht gewinnen konnten, es ist für sie entscheidend das sie nicht gewonnen haben.

---

[3] Gettysburg, Michael Shaara(Roman),Ronald F. Maxwell (Drehbuch), USA 1993,Warner Home Video-DVD

Anarchie ist der Urzustand, den der Narziss errei-
chen will und damit seine Existenz auslöscht. Aus der
Asche der ausgelöschten Existenz formte Gott das
Gerüst der Ordnung.

Ich beginne nicht dort, wo jeder Geschichts-
schreiber beginnt, nämlich bei dem franzö-
sisch-deutschem Krieg 1871, sondern in der Antike
zur Zeit der römischen Expansion. Die Römer hatten
ganz Europa erobert und bedienten sich Mitteln, die
später ihre Nachkommen in denen von ihnen besetzten Gebieten und Kolonien benutzten werden.
Nach der Plünderung des Landes wurde in der Regel
der Staat unter das Protektorat gestellt. Er hatte nun
Waren zu liefern, Soldaten zu rekrutieren, wissen-
schaftliche Erkenntnisse zu offenbaren, Steuern zu
zahlen und alles was gegen die Räson des Souveräns
verstößt wurde abgehackt. Diese Art des Wachstums
nennt man anorganisches Wachstum, man kann es mit
einer feindlichen Übernahme einer Aktiengesellschaft
vergleichen.
Anfang des 19. Jahrhunderts hatten wir dann durch
die napoleonischen Eroberungsfeldzüge genau diese
Situation. Ein Kontinentaleuropa unter dem Protektorat Napoleons mit den bekannten Folgen. Und wir
hatten ein anderes Phänomen, Kriege und Schlachten
der Freiheit wegen.
Nach Beendigung der Schlachten sah man einen
gnädigen, verständnisvollen General der Schlacht,
dem der Schrecken der Revolution noch mehr in den
Knochen steckte, als der napoleonische Eroberungs-

feldzug. Er rekrutierte sich aus dem niederen Adel, der gleichzeitig die geistige Elite der vertretenden Nationen darstellte.

Auf der Verliererseite stand ein gewitzter Besiegter und offenbar Unschuldiger. Ein Opfer Napoleons und der französischen Revolution. Nämlich Charles-Maurice de Talleyrand-Périgord. Nachdem der Kaiser der Franzosen „1815 endgültig gestürzt worden war, wurde er nochmals für kurze Zeit Außenminister Ludwigs XVIII., dem er zum Thron verholfen hatte, und vertrat nach dieser ersten Restauration der Bourbonen Frankreich zwar als Verlierermacht auf dem Wiener Kongress von 1814/15, doch handelte er geschickt erst ein Mitspracherecht, dann eine bedeutende Bündnisposition mit Großbritannien und Österreich gegen Russland und Preußen aus, sodass die ehemalige Entente zerbrochen war. Kurz: Er schaffte es, als Vertreter der Verliererseite so günstige Bedingungen auszuhandeln, dass Frankreich daraufhin keine Gebietsverluste erleiden musste. Sein größter Coup hier war wohl die Wiederherstellung der Grenzen von 1789."[4]

Jetzt mache ich einen Sprung in den französisch-deutschen Krieg 1870/71. Der Aggressor war Frankreich und Frankreich hat sich mit der Schreibweise, den Aggressor zuerst zu nennen, immer auch als ein solcher gefühlt. Sicher ist, dass das von der

---

[4]

http://de.wikipedia.org/wiki/Charles-Maurice_de_Talleyrand-P%C3%A9rigord
(14.03.2011)

Politik Bismarcks geprägte Preußen diesen Krieg brauchte, um die „deutschen Stämme" zu einigen, was dann das Fundament für ein organisches Wachstum war, wie es wohl in der Geschichte kein zweites gab.

Aber zurück zum General der Schlacht. Er war ein General des Egoismus und der Abschreckung.

Egoismus deshalb, weil er das zerstörte Königreich und die zerstörte Republik sich selbst überließ – ein wenig die Kriegskasse mit etwas französischem Gold aufbesserte, aber eben sonst das Land und die Bevölkerung sich selbst überließ. Die Abschreckung war zum einen die Kaiserproklamation in Versailles, die meines Erachtens auch den Zweck hatte dem besiegten Land zu zeigen mit einem blauen Auge davongekommen zu sein. Frei nach Shakespeares „*Heinrich V: Was ist Deutschlands Thron, ohne Frankreichs Kron*" oder nach Wagners „P*arsifal: Die Wunde schließt der Speer nur der sie schlug!*" aber dazu später mehr.

Und die Errichtung einer Bannmeile, ein Zone, in der mehr Militär stationiert war als es Bevölkerung gab, nämlich Elsass-Lothringen.

Beides eben zum Ziel, als Mittelmacht in Ruhe auf der industriellen Revolutionswelle mitzuschwimmen und organisch zu wachsen. Hier ein Auszug aus der deutschen Kaiserproklamation:

„Uns aber und Unseren Nachfolgern an der Kaiserkrone wolle Gott verleihen, allezeit Mehrer des Deutschen Reiches zu sein, nicht an siegreichen Eroberungen, sondern an den Gütern und Gaben des Friedens auf dem Gebiete nationaler Wohlfahrt,

Freiheit und Gesittung".[5]

Die ersten und wichtigsten Jahre hatte das neue Kaiserreich in Bismarck einen Politiker, der es Verstand, all das umzusetzen, was in den oben genannten Sätzen versprochen worden ist. Er machte die als Sozialisten getarnten kommunistischen Querköpfe parlamentarisch mundtot, um im gleichen Atemzug Arbeitnehmerversicherungen einzuführen, die in Deutschland zwei Kriege überdauerten und durch Sozialgesetze in unserer heutigen Verfassung verankert sind. Denn Reden ist Silber, Schweigen ist Gold und Handeln ist Platin!

Vergessen waren die Wehklagen der schlesischen Weber, denn Arbeit schaffte Sicherheit, Wohlstand und Luxus. Aber auch Begehrlichkeiten ganz oben. Der eiserne Kanzler ging und hinterließ einen wohlhabenden, gemobbten, wenig selbstbewussten Buben. Dieser junge Mann brauchte einen Spiegel und dieser Spiegel waren Kolonien und eine Hochseeflotte, um die besetzten Kolonien beschützen zu können. Dies eröffnete nun England und Frankreich Möglichkeiten, die immer größer und bedrohlich werdende deutsche Wirtschaft durch Verwicklung in Konflikte zu sabotieren. Es kam wie es kommen musste – zum Ersten Weltkrieg. Der keineswegs die Schuld Deutschlands war. Rein objektiv betrachtet bleibt nur ein einziger plausibler Grund für die Kriegserklärung Wilhelm II

---

[5] Gesamttext beim Internetauftritt der Geschichte in Braunschweig
http://www.gibs.info/index.php?id=667
(14.03.2011)

übrig. Dieser kristallisiert sich aus einer seiner Tugenden heraus und wird Vertragstreue genannt.

Diese Tugend machte sich nun ein System der Außenpolitik zu Nutze, welches schon in der Vergangenheit den einen oder anderen Krieg zu provozieren vermochte.

Die Außenpolitik wurde von Diplomaten im Geheimen gemacht. Es wurden Bündnisse geschlossen, manchmal auf Zeit und überkreuz, manchmal ohne Wissen der zuständigen Regierungen oder der Fürsten. Ein System, das die narzisstischen Urtriebe des Menschen befriedigte, nämlich Neid, Missgunst, Eifersucht, Rache, Allmacht und Opportunismus. Das Schicksal Europas wurde damit auf ein paar wenige egozentrische Menschen verteilt, die ein jahrelanges blutiges unnötiges gegenseitiges Abschlachten verantworten müssten. Doch es kam ganz anders.

Der General der Gewinner des Versailler Vertrags war ein Rudiment, ja eine Symbiose aus dem römischen Eroberer, dem absolutistischen Herrscher und dem gekränkten egozentrischen Diplomaten.

Er hätte durch die auf Deutschland übertragenen alleinige Kriegsschuld und deren wirtschaftlichen, militärischen und politischen Kastration eigentlich die Pflicht gehabt, es unter ein Protektorat zu stellen.

Stattdessen wird die einzige Person, der deutsche Kaiser, die vielleicht noch eine positive polarisierende Wirkung auf das Volk gehabt hätte von ihm getrennt. Um sicher zu sein, dass die deutsche Exportwirtschaft niemals mehr aus ihren Ruinen auferstehen konnte, wurde nun noch eine parlamentarische Demokratie mit der sozialdemokratischen Partei in der Regierungsverantwortung gefordert, was zur Keimzelle der noch zu entstehenden Anarchie wurde.

Der Deutsche ist ungern ein Prügelknabe, trotzdem übernimmt er gerne Verantwortung. Um über sich hinauszuwachsen braucht er die nach außen abgeschirmte innere Ordnung. Am liebsten in Form einer uneinnehmbaren Burg, in der er in Frieden mit seiner geliebten Familie schaffend alt werden kann. Er braucht die klaren Strukturen einer Hierarchie. Neues muss sich, um Akzeptanz bei ihm zu finden, mit seinen altbewährten Traditionen harmonieren. Er mag es, sich zu uniformieren und zusammen mit seinen Freunden zu jubeln und bunte Fahnen zu schwenken. Am liebsten für einen berittenen und mit einem silbernen Harnisch bekleideten selbstlosen Ritter.

Er brauchte beileibe nicht das zersetzende Chaos der Weimarer-Republik und den Todesstoß durch die tragische Weltwirtschaftskrise.

Und nun schließt sich der Kreis, bestehend aus meinem Opa, meiner Oma, dem Mann meiner Tante, meinem Urgroßvater und dem Faschismus.

Dadurch kann jetzt jemand aufstehen, der es schafft, für jeden eine maßgeschneiderte Projektionsfläche zu sein weil:

Er ermächtigt sich einer absoluten, parlamentarischen Mehrheit und schaltet dadurch die Anarchie aus.

Er sorgt für Arbeit und Brot, aber nicht mit Ami- oder irgendwelchen anderen ausländischen Krediten, denn es herrscht der Epilog der Weltwirtschaftskrise, die sogenannte Kreditklemme. Und mal ehrlich, was hat Deutschland noch für Sicherheiten? Alles Gold, die Kohle, der Stahl ist jahrelang in Richtung Siegermächte geflossen. Also erzeugt man eine selbst für heutige Verhältnisse hochmoderne und wahrscheinlich das in unserer Zukunft einzig überlebensfähige Währungssystem in Form von Wechseln (Mefo) gedeckt von der (Kriegs-) Wirtschaft und der Investition (Öffa) in die Infrastruktur als alles verbindender Knoten diente die staatliche Bank. Davon ein Überbleibsel und zwangsläufig die richtige Entscheidung war es, sich vom Goldstandart zu lösen.

Er schafft innere Sicherheit durch einen Polizeistaat, führt dadurch wieder Zucht und Ordnung, als Fundament für ein erfüllendes Familienleben, ein.

Er gibt den durch das Versailler Diktat und die Dolchstoßlegende kastrierten Weltkriegsveteranen die Ehre zurück, dabei ist das Wie entscheidender, als der Inhalt. Wie im Fußballstadion winken ihm, nach seinen Reden, Tausende auf offener Straße zu und rufen – Achtung ganz wichtig: SIEG heil.

Er gibt denen die Möglichkeit, Abenteuer zu erleben und zu reisen, die es brauchen durch die Legion Condor, Luftwaffe, Wehrmacht und der Marine.

Er gibt den leeren Hüllen die Möglichkeit, Macht auszuüben, in Form von SS, SA und der Gestapo.

Er gibt den Traumatisierten einen Feind, auf denen sie die Schuld abspalten können, mit den Juden, Randgruppen und dem Bolschewismus.

Man könnte die Aufzählung ohne weiteres um viele weitere Punkte ergänzen, aber das Wichtigste ist gesagt.

Er schafft es, weil er selbst ein konzentriertes Surrogat aus all dem vorgenannten ist. Er ist der Leviathan, der wegen des Versailler Diktats sich nach Wiedergutmachung sehnende Racheengel Adolf Hitler.

Nun mache ich einen Sprung in das Jahr 1945 und schaue mir den Gott nach der Schlacht genauer an.

Nun haben wir einen weisen, gerechten, vergebenden helfenden Offizier, er ist Amerikaner und ein Christ.

Hätte Amerika beim Versailler Vertrag das durchgesetzt, was es nun 1945 durchsetzt, wäre uns vieles erspart geblieben.

Um das Ganze abzurunden hier noch eine Anekdote über die Kapitulationsverhandlungen der USA mit Japan. *„Wir müssen dafür Sorge tragen, dass der japanische Kaiser im Amt bleibt. Er trägt keine Schuld, Schuld trägt der Generalstab. Die Japaner verehren ihren Kaiser wie einen Gott. Wir dürfen nicht den gleichen Fehler begehen, den wir 1919 mit Deutschland begangen haben!"* [6]

Ich bewundere diese Nation, die zwar eine relativ kurze Geschichte hat aber dadurch gezwungen wurde, selbst zu Denken was zu ihrer ganz eigenen Moral führte. So wurden Kriege von ihr bis 1945 eigentlich nur aus dem Freiheitsgedanken heraus geführt. Nach 1945 na ja, das ist eine andere Geschichte …

---

[6] Zitat sinngemäß aus dem Gedächtnis aus einer Fernseh Dokumentation

Obwohl meine Eltern wohlhabend waren, bekam ich eigentlich nichts geschenkt. Mit 15 Lebensjahren sollte ich in den Osterferien meine erstens Erfahrungen am Bau sammeln. Eigentlich war das Mindestalter für einen Helferjob bei 16 und nach den ersten drei Tagen an der Arbeit wurde mir auch klar warum. Damals wog ein Sack Zement noch fünfzig Kilogramm.

Am Morgen des vierten Tages bat ich aufzuhören, weil mir alle meine Knochen im Leibe schmerzten. Doch meine Mutter befahl mir dann: „Du bist der Juniorchef, reiß Dich am Riemen, noch eine Woche. Bitte!"

Nach zwei Wochen hatte ich aufgerissene Hände, Kraft um einen Sack Zement aufzunehmen, zwanzig Meter weit zu tragen und 800 DM in der Tasche, um mir endlich eine gebrauchte Mofa kaufen zu können.

Den Führerschein machte ich aus Geldmangel im Fernstudium und bestand auf Anhieb! Als dann half ich bis ich 25 Jahre wurde in den Ferien immer in der Firma auf den jeweiligen Baustellen aus und während meine Klassenkameraden im Schwimmbad den Mädchen hinterher schauten, war ich mir für keine Arbeit zu schade.

Die größte Schule für mich waren vor allem die rauen Umgangsformen und das Arbeiten mit Leuten, die viel älter, ein bisschen einfältig waren, aber das Leben trotz der harten Arbeit mit großer Lebensfreude genießen konnten.

Meine Freizeit Mitte der 80er Jahre, also so vom 15. bis zum 20. Lebensjahr, verbrachte ich häufig bei den katholischen Pfadfindern oder mit meinen Freunden Martin, Alfred und Torben.

Torben war ein Visionär. Er erzählte von einer Zukunft, in der die ganze Welt zu einem Supercomputer vernetzt würde, in der man zwischen dreißig Kanälen im Fernsehen wählen könne. Von Breitbandglasfaserkabeln, in denen die Daten mittels Lichtimpulsen transportiert würden. Er sagte, wenn er Geld hätte, würde er Mannesmann Aktien kaufen, die würden gerade anfangen solche Kabel herzustellen. Er schwärmte von der Geschichte Hollands, dort wären die ersten Börsengeschäfte gemacht worden, hätte die Wiege für den weltweiten Handel gestanden und der Ursprung der liberalen Marktgesetze gewesen. Dort hätten die Kaufleute mit Geld statt mit Pulver und Blei die Welt erobert. Er hatte als erster Schüler in unserer Klasse einen eigenen Computer. Nach seinem durchschnittlichen Abitur hat er Wirtschaftswissenschaften studiert und wurde mit 35 zum Universitätsprofessor berufen.

Martin hatte offensichtlich nichts besonderes. Er hatte einen Realschulabschluss und machte damals eine Malerlehre. Seine Leidenschaft war Fußball und hier im Besonderen der VFB Stuttgart. Er trank gerne zum Wochenende Bier, schraubte am Auto und spielte Doppelkopf.

Hinter dem offensichtlichen verbarg sich ein Mensch, auf den man sich hundert Prozent verlassen konnte. Außerdem hatte er eine unwahrscheinliche Lebensfreude, die er auf seine Umgebung und auf mich übertrug. Und last but not least half er mir, an dem Gedankenmodell Fußball weiter zu basteln.

Zurzeit arbeitet er als leitender Angestellter im heimischen Bau- und Gartenmarkt. Auch heute noch kann man sich auf sein Wort verlassen und ich bin immer glücklich, wenn ich ihn mal treffe.

Alfred war ein Chaot. Außenstehende sagten immer, der Schicker und der Alfred sind zusammen ein brisantes Gemisch.

Man konnte mit ihm mit selbstgemischten Schwarzpulver was in die Luft jagen, er liebte den Modellbau, er führte mich an die klassische Musik, Philosophie, Astronomie und später an die Medizin heran.

Man konnte mit ihm Saufen bis zum Umfallen.

Seine Mutter jammerte ihm immer vorwurfsvoll die Ohren voll, sie hätte durch ihre antiautoritäre Erziehung an ihm versagt.

Er antwortete: „Ja, ja, ja, ja.“

So hörten wir die romantischen Klavierkonzerte, während unsere Klassenkameraden auf Rock Konzerte gingen und bauten jeder für sich ein Niedertemperatur Atomkraftwerk als Kartonmodell während andere Fußball spielten.

Heute ist er Doktor der Medizin und als Chirurg tätig.

Mit 17 besuchte ich das Oberstufengymnasium mit den Leistungskursen Bio und Geschichte.

In Biologie hatte ich eine junge Lehrerin, die uns anfangs ihren Wahlspruch aufzudrängen versuchte: „Geht immer den Weg des geringsten Widerstands, das ist hier wichtig und wird noch wichtiger im Studium werden!"

Und trotzdem, nochmals danke Frau Lehrerin, wären Sie nicht gewesen, so hätte ich sicherlich niemals begonnen, Ihre Lebensweisheiten nicht zu den meinen zu machen!

Sechs Wochen vor Zeugnisausgabe in der elften Klasse stand ich bei den Fächern Latein, Gesellschaftslehre und Physik auf der Kippe.

In Latein war nichts zu machen, Physik war schwierig, da in der letzten Klausur nur ein Schüler über 5 Punkte hatte. Nämlich Michael mit 7 Punkten. Ich war zweitbester mit 4 Punkten und mir wurde unterstellt, von Michael abgeschrieben zu haben.

In GK war die industrielle Revolution das Thema der letzten Klausur und hier speziell: Skizzieren Sie anhand der größten technischen Errungenschaft der industriellen Revolution deren Verlauf.

Ich wählte den Kühlschrank und die Rückgabe der Klausur wurde von meinem Pauker wie folgt kommentiert:

„Herr Schicker, 18 Schüler haben als größte Errungenschaft die Dampfmaschine gewählt und nur Sie den Kühlschrank. Thema verfehlt, 3 Punkte."

Ich kann es dem Lehrer nicht verdenken, die Treibhausgasdiskussion war im Gange und der Kühlschrank mit seinem Fluorchlorkohlenwasserstoff zum Staatsfeind Nr. 1 von den Grün angehauchten Lehrern erklärt. Außerdem fehlte meiner Arbeit der Pfiff. Aber der Kühlschrank ist der größte Transzendent der industriellen Revolution und so hätte ich doch 5 Punkte für Originalität verdient gehabt. Doch gerade die ist in unseren deutschen Schulen alles andere als erwünscht.

Der Kühlschrank

Das 19. Jahrhundert war das Jahrhundert der Aufklärung, des weltumspannenden Handels, aber auch ganz neuer naturwissenschaftlichen Disziplinen wie zum Beispiel die Thermodynamik, die anorganische Chemie und Darwins Evolutionstheorie.

Es war der Übergang von der experimentellen Alchemie zur modernen theoretischen Wissenschaft. Die Hauptforschungsarbeit wurde somit dem schöpferischen Geist übertragen.

So waren Erfindungen wie die Lokomotive, die Nutzung des elektrischen Stroms und die Herstellung von Kunstdünger Kinder der Erkenntnisse dieser genialen Wissenschaftler.

Auch wurden Werkstoffe, die schon tausende von Jahren von Menschen verwendet wurden auf einmal für gänzlich neue Dinge eingesetzt wie zum Beispiel Kork, Kupfer und Kalkstein.

Die Bürger der Industriegesellschaft sahen sich fortan, nachdem die Ackerbauern die Natur besiegt hatten, auch als die Herrscher über die Naturgewalten.

Damit es zu einer Umwälzung kommen kann, muss sich mindestens eine begrenzende Randbedingung ändern.

Also begann die industrielle Revolution nicht in den mit Dampfmaschinen ausgerüsteten Minen und Fabriken, sondern auf dem Acker der neuen selbstständigen Landwirte, die nun mit neuen Methoden und

Kunstdünger eine Rekordernte nach der anderen einfuhren.

Durch das Bevölkerungswachstum und die Landflucht standen dann dem Bergbau und den menschenverschlingenden Fabriken nun plötzlich hunderttausende neue Arbeitskräfte zur Verfügung.

In den daraufhin immer größer und hektischer werdenden Städten, wurde es zunehmend schwieriger die Einwohner mit frischen Lebensmitteln zu versorgen. Schließlich wurde es, schon allein aus logistischen Gründen immer wichtiger, die Kost haltbar zu machen.

Die Lösungsversuche des Menschen auf diesem Gebiet, sind wohl so alt wie er selbst und jedes erfolgreiches Ergebnis in diesem Bereich ging einher mit großen kulturellen Veränderungen seiner jeweiligen Gesellschaftsform.

Ohne die Kenntnisse über die Viehhaltung und der sich dadurch eröffnenden Möglichkeit einen „lebenden", bzw. relativ lange haltbaren Wintervorrat anzulegen, hätte es niemals zu der Neolithischen Revolution kommen können.

Als zweites Beispiel kann man den Antiken Seehandel anführen. Er wurde durch Erfindungen, wie glasierte Keramiken und der Fermentation erst möglich gemacht.

In der Welt des 19. Jahrhunderts entstanden die ersten Konservenfabriken. Die Firma Heinz in Pennsylvania, aber auch die Firma Hengstenberg aus Esslingen und selbstverständlich die Firma Maggi aus der Schweiz sind da als die Pioniere des 19. Jahrhunderts zu nennen.

Außer dem Einwecken, Fermentieren, Räuchern und dem Pökeln, benutzte man auch Eis zum Haltbarmachen von Nahrungsmitteln.

Mit dem Kühlen tötet man zwar nicht, wie beim Pasteurisieren, die für die Zersetzung des Essens verantwortlichen Mikroorganismen ab, aber man verlangsamt diesen Prozess doch im erheblichen Maße.

Das zur Kühlung benötigte Eis wurde im Winter gestochen und in Eishallen für die warme Jahreszeit gelagert. Jede Brauerei für untergäriges Bier hatte solch ein Wintereislager und wohlhabende Haushalte besaßen einen Eisschrank.

Schon Mitte des 18. Jahrhunderts stellte man fest, dass unter Veränderung des Luftdruckes ein zur Hälfte mit Diethylether gefülltes Gefäß erst „beschlägt" und dann der Wasserbeschlag gefriert. Einen Nutzen daraus zog man aber erst hundert Jahre später. Man konnte zu Beginn der industriellen Revolution 1834 den ersten Kühlschrank kaufen und Carl von Linde machte dann mit seinem Linde-Verfahren in den 1870er Jahren die Kühltechnik salonfähig.

So konnte man mit seiner Technik angefangen vom kleinen Haushaltsgerät über den Kühltransporter bis hin zur Kältehalle alles damit verbauen.

Aber was macht den Kühlschrank für die industrielle Revolution als Gesamtpaket so interessant?

Um ihn zu entwickeln und als Massenprodukt fertigen zu können, brauchte man das Wissen aus fast allen Bereichen dieser neuen theoretischen Wissenschaften.

Er macht überdies den Besitzer zu einem kleinen Herrscher über die Naturgewalten und dadurch auch ein bisschen unvergänglicher, denn der kann damit die längst besiegte Natur nun in einer Kryostasis gefangen halten.

Hier nun folgend eine Aufzählung und Beschreibung der einzelnen Module eines Gefrierschranks, sowie die jeweiligen dazugehörigen wissenschaftlichen Gesetzmäßigkeiten:

Das Innenleben des Kühlschranks besteht aus einem Kreislaufsystem mit einem Verdampfer und einem Kompressor, ähnlich der einer Dampfmaschine [1. Hauptsatz Thermodynamik; Daltonsche Gesetz; 2. Hauptsatz Thermodynamik; …].

Die Leitungen wurden wegen der guten Wärmeleitung aus Kupfer gefertigt [Fouriersche Gesetz; Konvektionsströmung …].

In den Leitungen befand sich anfangs Ammoniak [Hydraulik; anorganische Chemie; Ammoniakdestillation], ein natürliches Zwischenprodukt aus der Düngerherstellung, später dann künstlich hergestellte Fluorchlorkohlenwasserstoffe [Haber-Bosch Verfahren als Schnittmenge der anorganischen und organischen Chemie …].

Das erste Modell wurde mit Gas [Ideales Gas …]. danach auch mit Strom betrieben, sozusagen die Umstellung von Gaslicht zur Glühbirne [Elektrotechnik; plancksches Wirkungsquantum; diverse Strahlungsgesetze …].

Zu Beginn wurde Eis damit hergestellt, später dann direkt gekühlt [thermodynamischer kritischer Punkt; Phasendiagramme; Enthalpie; Joule, Pasteur …].

1880 wurde zum ersten Mal das Material der konservierenden Flaschenkorken, also Kork als Dämmmaterial verwendet [Werkstoffmechanik; Bauphysik …].

Das Gehäuse wurde aus nichtrostendem Zinkblech hergestellt [Elektrolyse; Galvanisieren; Nichteisenmetalle …].

Für die neuentwickelten Maschinen brauchte man für deren automatischen Betrieb Regler [es entstand eine neue Ingenieursdisziplin im Maschinenbau die Regelungstechnik].

Die Dampfmaschine hatte einen Fliehkraftregler [Mechanik; Kreisbewegung; Kinematik …] und der Kühlschrank bekam einen Thermostat [Hookesches Gesetz; Werkstoffkonstanten wie das Elastizitätsmodul …].

1878 wurde der Linde-Konzern eine Aktiengesellschaft [Verbriefung von materiellen Rechten; Statistik; weltweiter Börsenhandel; Ökonomie; Kapitalgesellschaft; Finanzgeschäfte; Kreditwirtschaft ...].

1920 meldete Albert Einstein, der dann auf der Grundlage seiner Vorgänger die Naturwissenschaften durch seine Relativitätstheorien endgültig in ein neues Jahrtausend führte, einen von ihm entwickelten Kühlschrank zum Patent an [Patent als verbrieftes immaterielles Recht auch Urheberrecht genannt].

In fast allen deutschen Städten wurden Kolonialwarenläden eröffnet, die Produkte aus aller Welt im Angebot hatten. Das wurde nun durch dampfbetriebene Frachtschiffe aus Stahl, Kühltransporte, und der Luftfracht möglich gemacht [Hydrodynamik; Fluiddynamik; Aerodynamik; Logistik; Termingeschäfte; Freihandel; Meteorologie ...].

Und zu guter Letzt war es zum Ende der industriellen Revolution 1930 technisch möglich, Haushaltskühlschränke in Massenproduktion herzustellen [Apparatebau; Maschinenbau; Fließband; Rationalisierung; Modularität; Sozialgesetze ...].

Die Große Depression, die nur die logische Folge dieses großen Booms gewesen war, [Schweinezyklus; Wirtschaftswissenschaften ...] bescherte dann der zur Rationalisierung bereiten Hausfrau und damit der Tiefkühlkost dann erst einmal eine Zwangspause.

Erst 35 Jahre nach der Weltwirtschaftskrise begann dann die Kühltruhe in den Küchen Deutschlands zu deren festen Bestandteil zu werden …

Meine letzte Chance ohne „Ehrenrunde" in die abiturvorbereitende Klasse zwölf versetzt zu werden, war Physik.

Kein Fach unterlag in meiner schulischen Laufbahn größerer Schwankungen. Im Nachhinein wurde meine Leistung durch meine Art, die Aufgaben zu lösen beeinflusst. Benutzte ich lediglich die Formeln stur ohne Nachzudenken, scheiterte es meistens schon am bloßen Auswendiglernen dieser vor den Augen tanzenden Quälereien.

Nun, meine Basis waren 4 Punkte schriftlich in der ersten Klausur und angenommene 4 Punkte in der mündlichen Mitarbeit, die meines Erachtens ungerecht waren. Ich störte zwar häufig den Unterricht, aber meine Beiträge waren gut.

Auch wurde mir in diesem Kurs, bestehend aus Klassenkameraden, denen es fast egal war, was für eine Note sie am Ende des Schuljahres bekommen würden, verwehrt, ein Referat zu halten.

Ich benötigte also im Summendurchschnitt der schriftlichen Arbeiten mindestens 6, besser 7 Punkte und angstfreie 8 Punkte. Da unser Physik-Ass Michael bei der letzten Klausur gerade mal 7 Punkte erreichte, hinterließ dies nicht gerade einen optimistischen Beigeschmack.

Das Thema war Kinematik, Energieerhaltungssatz, Impulserhaltungssatz. Ich ging davon aus, dass der

Lehrer wohl Aufgaben wählen würde, die allesamt in seinem Unterricht durchexerziert worden sind. So griff ich auf Altbewährtes zurück und besorgte mir die Mitschrift von Gisa, der Musterschülerin.

Als dann begann ich zu pauken. Bei den Aufgaben in diesem Gebiet ist das Schwierigste die jeweiligen Randbedingungen für die Gleichungen zu finden. So ist der schräge Wurf nichts als die Bewegungsgleichung zu verschiedenen Zeitpunkten und deren dazugehörigen positiven und negativen Beschleunigungen.

Ich musste, was ich damals nur unbewusst machte, nur mein räumlich visuelles Denken benutzen und mir vorstellen, was bei dem Wurf oder dem Stoß mit den Kugeln im Einzelnen passiert.

Das Lernen war also ein Kinderspiel. Um sicher zu gehen notierte ich mit fast unsichtbarem und dünnem Bleistift alle Formeln in das Klausurheft.

Am Tag der Klausur bekam ich einen Einzelplatz, denn der Lehrer glaubte ja, dass meine 4 Punkte in der letzten Arbeit auf Michaels Konto gingen. Da ich beim Linsen vom Nebenmann immer unter sichtbaren Gewissensbissen leide, habe ich nie in einer Klausur vom Nachbarn abgeschrieben. also machte es mir nichts aus, alleine zu sitzen.

Nun teilte der Lehrer die Klausurbögen aus, schnell öffnete ich mein Heft und schrieb mit Tinte die Formeln nach. Der Pauker äugte mich dabei   seltsam an, also erklärte ich: „Die Aufgaben fallen mir leichter, wenn ich alle Formeln zu Anfang auf die erste Seite geschrieben habe."

Er antwortete: „RUHE, selbst mit einem Bein im 11er Grab, steht sein Mund nicht still."

Die Aufgaben waren so wie ich es vermutet hatte und ich benötigte nur 35 Minuten für die einstündige Klausur.

Als ich sie dem Lehrer dann vor dem Ende der Stunde in die Hand drückte, sagte ich: „Ich saß ganz alleine, konnte von niemandem abschreiben. Ich denke das sind so 14 bis 15 Punkte. Auf Wiedersehen in der zwölften Klasse. Dort habe ich dann aber nur noch Mathe bei Ihnen, denn Physik werde ich abgeben."

Der Lehrer schüttelte nur den Kopf und schrie dann: „Schicker raus, genug gestört!"

Nun, 14 Punkte waren es nicht, denn es hatte sich ein kleiner Vorzeichenfehler in einem Ergebnis eingeschlichen, so erreichte ich jedoch 13 Punkte, also eine 1-.

Michael hatte diesmal übrigens die zweitbeste Note, 3 Punkte. Den ergatterten zweiten Platz teilte er sich jedoch mit noch acht weiteren Schülern. Ich nehme an, dass ihm diesmal meine richtigen Ansätze gefehlt hatten, denn er saß ebenso wich ich alleine an einem Tisch.

Bei der Notenbesprechung wurde ich dann gefragt: „Schicker wie viel Punkte darf ich Ihnen geben?"

„Nun, 5 Punkte sind genug", antwortete ich.

Dann erwiderte er: „Gut, 5 Punkte im Mündlichen, wobei sie normalerweise noch Schmerzensgeld an mich bezahlen müssten, macht zusammen 7 Punkte zufrieden?"

„Ja schon, denn mit einer 3 Klassenbester zu sein, das ist schon was!"

Er lächelte und sagte: „Wenn der Schicker mal tot ist, muss man sein Mundwerk auf dem Friedhof extra erschlagen!"

Musikalisch begann ich die Werke von Beethoven zu konsumieren. Für mich waren es in Musik transformierte räumlich visuelle Gedankenmodelle. Ganz besonders das 5. Klavierkonzert, was sich wie ein Duell zwischen Klavier und Orchester anhört. Wenige Melodien, dafür Harmonik und Akkorde. In der 13. Klasse durchstöberte ich auch die Plattensammlung meines Vaters und entdeckte den Lohengrin von Richard Wagner. Er zog mich von da an noch mehr als Ludwig van - in seinen Bann. Es war als würde jemand menschliche Gefühle in Musik verwandeln. Es wurde der Beginn einer großen Leidenschaft und die Möglichkeit, für jemanden der in Bildern denkt, an dem schwerverständlichen Nietzsche und Schopenhauer vorbei, in die Philosophie eingeführt zu werden. Denn eines steht für mich heute fest, Richard Wagners Werk (Bayreuther Werke) ist ein rein philosophisches. Jede Figur hat ihren Sinn, überall sind moralische Botschaften versteckt, die den Zweck haben, seine Zuhörer zur Selbstreflektion zu zwingen und dadurch zum besseren Menschen machen. Im Grunde genommen also eine ethische Lehre darstellen.

Leider verlor ich zu dieser Zeit auch einen guten Freund.

Torben und ich verstanden uns immer schlechter. Er mied mich und begann mich zu hassen. Je mehr ich versuchte, entgegen zu wirken, desto mehr ging unsere Freundschaft auseinander.

Nun, wie schon erwähnt war mein größter Lehrer die Natur. Da hatte alles einen Sinn, dort gab es kein Paradoxon und wenn, war es wie der abgestoßene Eidechsenschwanz, nur eines auf den ersten Blick. Auch gab es da keine Tiere, die nachdem sie sich voll gefressen hatten, eine Abführtablette nahmen.

Eines der faszinierendsten Lebewesen, was laut Definition der Biologie keines ist, begann in der Oberstufe das größte meiner Gedankenmodelle zu werden. Die eingeschmolzene biologische Vernunft und die von Kant erhoffte kopernikanische Wende:

Der Influenza Virus

Die Forschung ist sich nicht einig, ob Viren sich eigenständig oder sich aus den ersten Einzellern entwickelten. Nun, ein Virus ist ein Gebilde aus Proteinen mit einer Lipidmembran indem sich der Bauplan und die nötigen Werkzeuge in Form von aneinander geketteten Nukleinsäuren und Enzymen befinden. Mehr nicht. Sozusagen ein Prototyp mit beigelegten Bauanleitung und Spezialwerkzeugen. Es besitzt keinen eigenen Stoffwechsel und zur Vermehrung kann es sich nicht teilen. Es ist also quasi zu nichts zu gebrauchen. Außerhalb des Wirts-Organismus wird er obendrein schnell zerstört. Eine unnütze, passive, faule Laune der Natur?

Trotzdem gibt es diese Erreger wahrscheinlich genauso lange wie es Leben auf Erden gibt und sie sind damit doch äußerst erfolgreiche Bestandteile der

Evolutionsgeschichte.

Wie konnten sie also Jahrmillionen überdauern?

Durch Passivität, das heißt sie sind eingebettet in ein System von biologischen Abläufen. So wurden sie zu einem Spielball der Natur gemacht. Und nur wer von ihr dauernd aufs Neue angepasst wird, überlebt.

Wenn der Influenza-Virus von dem Menschen eingeatmet wird, kann er mit seiner Hülle an einer Schleimhautzelle im HNO-Bereich andocken. Danach schleust er seinen Bauplan und seine Spezialwerkzeuge in die Zelle ein. Die Zelle ist für ihn der Komplementär. Sie verfügt über die notwendigen Apparate und Maschinen, um ihn am Leben zu erhalten.

Nach deren Befall wird sie zu dessen Sklaven. Er redet ihr ein, es gäbe nichts wichtigeres, als Heerscharen in Form von Kopien seiner Spezies zu produzieren. Dabei verausgabt sie sich bis zum Kollaps. Der Todesstoß der Zelle wird dann schließlich durch die Freisetzung der produzierten Duplikate über die Zerstörung der Zellmembran herbeigeführt.

Zur gleichen Zeit wird durch das Absterben des Gewebes, der Organismus angeregt, Histamin auszuschütten. Was die Beschleunigung des Heilungsmechanismus durch die bessere Durchblutung, das Anschwellen der Schleimhäute und die vermehrte Produktion von Sekret zur Folge hat.

Das Wundwasser soll nun zum einem als Transportmittel für das abgestorbene Gewebe dienen, zum anderen regt es die weißen Blutkörperchen an, aus dem Blutkreislauf in den Gefahrenherd zu wandern. Dort nehmen sie dann sofort den Kampf mit den

Eindringlingen auf.

Das überschüssige Sekret wird dann ausgeniest oder gehustet. Das erhöht nun wieder den Verbreitungsradius, denn neben Schleim wird auch der Virus ausgehustet.

Und so dauert es nicht lange, bis sich aus dem Leukozyten-Futter durch die Helferzellen ein steckbrieflich gesuchter Terrorist entwickelt, der durch speziell für ihn konstruierte Antikörper gezielt bekämpft werden kann.

Nach dem gewonnen Kampf hat eine neuere Virenattacke des gleichen Typus keinen Zweck mehr, denn das Immunsystem speichert seinen speziellen Steckbrief ab.

Die Immunisierung stellt sogleich eine hervorragende Trainingsmöglichkeit für das Immunsystem dar und so kann dieses zu einem möglicherweise entscheidenden Vorteil in der Abwehr eines weit gefährlicheren Erregers in der Zukunft werden.

Also müssten die Grippeviren eigentlich relativ leicht aussterben. Auch hier verlässt der Erreger sich auf das System.

Dieses sorgt für eine extreme hohe genetische Vielfalt seiner Art.

Seine Wirtszelle, erzeugt bei seiner Vermehrung immer auch einen Kopie seines Bauplans. Dieses Erzeugen findet jenseits des DNA Reparaturmechanismus des Zellkerns des Opfers statt, so dass es häufig zum Vertauschen der Basen auf den Nukleinsäureketten kommt.

Das nennt man Punktmutation. Dieser Virus hat

zwar noch denselben Körper, aber nicht mehr denselben Bauplan. Beim Befallen der nächsten Wirtszelle entsteht dann ein vollkommen neues Geschöpf. Ein Geschöpf, gegen das der Wirt noch nicht immun ist.

Das Spiel kann von neuen beginnen.

Die Schleimhautzellen sind deswegen das Primärziel der Influenza, weil sie die direkte Verbindung nach außen sind und bei sozialen Lebewesen auch dort ein Kontakt am ehesten stattfindet.

Außerdem verbietet seine Einfachheit und den damit verbundenen sehr hohen Risiken des Entdeckt werdens, den von dem Immunsystem streng überwachten Blutkreislauf, als Ziel und Verbreitungsmittel zu wählen.

So ist die Grippe die älteste Seuche der Menschheit. Eine äußerst erfolgreiche Krankheit, die man nie besiegen wird.

Es ist heute immer wieder von der Aggressivität von manchen Viren die Rede. Je aggressiver ein Virus ist, desto schneller ist seine Art von der Bildfläche verschwunden. Man kann sie auch als die Urform eines Parasiten betrachten. Genaugenommen gelten bei Viren und Parasiten die gleichen Gesetzmäßigkeiten.

Er will unter keinen Umständen, dass sein Wirt an ihm zugrunde geht. Das Aussterben des Wirts bedeutet auch seinen Untergang.

Tödlich verlaufende Virusinfektionen, die üblichen Grippetoten mal außen vor gelassen, denn ein Parasit kann bei Immunschwäche des Wirtes oder zu vielen von ihm, sehr wohl den Tod verursachen, sind als

Unfälle der Natur zu deuten. Diese Viren gehen dann zwar als gefährliche Seuchen in die Geschichte ein, sind aber nichts weiter als nicht überlebensfähige Randerscheinungen.

Außerdem werden sie meist durch die Übertragung auf einen Fehlwirt verursacht.

Als Beispiel kann man die schwarze Pest anführen. Die Ratten, von denen der Virus stammte, töteten sie nicht. Für die war es wie eine harmlose Grippe. Erst die Übertragung vom Floh, der nun von den Ratten infizierte Blutreste in seinen Beißwerkzeugen hatte, machte die Übertragung auf den Mensch möglich. Mit all den katastrophalen Ergebnissen, die Halbierung der Population Mensch in Europa. Eine Generation nach dem schwarzen Tod war nun eine immune Bevölkerung übrig, die überdies gelernt hatte, mehr auf die Körperhygiene zu achten. Der menschliche Pest-Virus hat hingegen nicht überlebt.

Interessant ist auch das Tollwutvirus, das es seit tausenden von Jahren gibt. Es ist für fast alle Säugetiere innerhalb kurzer Zeit tödlich, also müsste es aussterben.

Eben nur für fast Alle. Es kommt von einer Vampirfledermaus aus Indien. Diese stirbt nicht an der Erkrankung, obwohl sie dessen Verhalten erheblich verändert. Infizierte Fledermäuse sind durch Schädigungen des Nervensystems aggressiver und beißen auch schon mal einen Artgenossen. Da sich die fertigen Erreger in den Schleimhäuten konzentrieren, findet so die Übertragung statt. Ein gebissener Fuchs leidet in extremster Weise unter der Krankheit. Er ist sozusagen eine Karikatur dessen, was sie mit der Fledermaus macht. Auf diese Weise kann er sie häufig noch weitergeben, bevor er daran stirbt.

Letztendlich ist auch er ein Fehlwirt und ein Unfall.

Das AIDS Virus ist auch ein Sonderfall. Der Mensch sorgt dafür, dass es nicht ausstirbt. Die Behandlung von HIV Infizierten hat sich soweit verbessert, dass der Erkrankte ein langes Leben haben kann. Weil der Mensch triebhaft ist gibt es auf beiden Seiten, also den Infizierten und den Gesunden genug Verantwortungslose, die die Seuche dann weitergeben. Ließe man sie unbehandelt, hätte sie sich wahrscheinlich innerhalb von zwei bis drei Generationen von selbst ausgerottet.

Nun zuletzt möchte ich noch über von Mikrobiologen geschaffenen Viren reden. Einige Forscher beginnen, spezielle Viren, sogenannte Bakteriophagen, gezielt zur Bekämpfung einer bakteriellen Infektion zu benutzten.

Die gezüchteten Phagen zerstören dann gezielt im menschlichen Körper spezielle Bakterien.

Vielleicht wird es durch diese Forschung auch irgendwann möglich sein, statt Bakterien Krebszellen zu zerstören.

Dieses Feld birgt neue Chancen, wie damals bei der Entdeckung des Penicillins.

Aber auch Risiken, denn das passivste Geschöpf der Erde wird aktiv verändert. Vielleicht mutiert es zu einem dieser Monstren, die von den Regierungen als Waffe unter Verschluss gehalten werden.

Und wenn der Mensch es will, dann kann er, was die

Natur niemals schaffen würde, damit sich selbst ausrotten und damit auch die biologische Vernunft des humanen-Influenza-Virus!

Sein Fehlwirt, die Mutter Erde wird es ihm danken…

Doch in der Grippe wurde von der Natur ein großer Schatz versteckt *„Das Ding an sich"* konnte sich mit ihrer Hilfe in die Symbiose verwandeln.

Die vollkommene Symbiose ist die Verschmelzung von mindestens zwei Subjekten mit ihrer Metaphysik. Die zwei Subjekte reiben sich dabei gegeneinander, so dass sie sich dadurch standig und endlos gegenseitig verändern.

Sie unterliegen dem Gesetz der Kausalkette sowie der Gleichzeitigkeit, ihr Ursprung ist der Urknall gewesen. Man kann die vollkommene Symbiose auch mit dem Attribut Nachhaltigkeit versehen. Die vollkommene Symbiose ist nur in unserer Vorstellung vorhanden.

In der Natur existiert sie als unvollkommene Symbiose. In der Natur wird sie irgendwann zu einem Nexus Finalis werden. Der Grund für deren Endlichkeit sind innere und äußere Störungen, denen das System ausgesetzt ist.

Sobald man sich über die Existenz und die Funktionsabläufe dieser beiden Symbiosen bewusst geworden ist, kann sie durch die Überlagerung beider Systeme in unserer Vorstellung zu einer vollkommenen unvollkommenen Symbiose werden.

Durch bewusstes Entfernen, aber auch durch bewusstes Zufügen von Störungen in das System, ist der Zeitpunkt des Nexus Finalis dieser vollkommen unvollkommenen Symbiose bewusst variierbar.

Der Nexus Finalis wird als Teil oder aber auch im Ganzen zur Genese einer neuen unvollkommenen Symbiose führen.

So wird aus der Gesamtheit, also durch die unendliche Vielzahl der unvollkommenen Symbiosen im Universum, eine universale Symbiose ohne ein Nexus Finalis erschaffen.

In dem System der universalen Symbiose existieren keine Störungen und somit besteht keine Notwendigkeit für die Existenz einer vollkommenen unvollkommenen Symbiose.

In der Natur ist es gerade diese Unvollkommenheit, die sie letztendlich zu etwas Vollkommenem machen konnte...

Abschließend fällt mir über die Schule ein, wie vormals schon gesagt, dass meine unqualifiziertesten Lehrer weiblich waren.

Ich muss nun hier aber trotzdem diese Lanze brechen, denn in der Gesamtschule hatte ich eine liebevolle und einfühlsame Lateinlehrerin. Sie war damals sechzig Jahre alt.

In der Oberstufe hatte ich eine Deutschlehrerin, sie war etwa Mitte 50. Die Unterrichtsstunde war immer um die Mittagszeit. In dieser Zeit bin ich, auch heute noch, eigentlich nicht aufnahmefähig.

Sie begann ihre Stunde meistens mit einem Bild, was sie an die Wandtafel malte. So begann die Einführungsstunde für ein neues Aufgabenfeld, wie beispielsweise die griechische Tragödie, mit einem an die Tafel gezeichneten Amphitheater. In dieser Zeit hing ich an ihren Lippen und übertrug all das was da von ihr an die Tafel geschrieben wurde in mein Heft.

Das dauerte dann so zwanzig Minuten und der Stoff war für mich rübergebracht. Danach döste ich, häufig das neu Erlernte reflektierend, bis zum Ende der Stunde vor mich hin. Sie störte mich dabei nicht.

Ihre Themen wie „Antigone" von Sophokles oder „Parsifal" von Eschenbach festigten meine eigenen hauptsächlich christlichen Moralvorstellungen.

In dem „*Modell der moralischen Entwicklung nach Kohlberg*"[7], hatte ich dadurch mit 18 Jahren die Stufe fünf erreichen können und ich wurde abgehalten, ein unverbesserlicher Frauenhasser zu werden.

In dieser Zeit begann ich mich auch vorsichtig an umfangreichere Romane heran zu tasten. Ein Buch

---

[7] Vgl. Laurence Kohlberg, Die Psychologie der Moralentwicklung, Suhrkamp Verlag 1.Aufl. (27.Februar 1996)

musste mich faszinieren, nur so hatte ich genügend Ausdauer zum mir schwerfallenden Lesen und vor allem zum Verstehen des Inhalts.

Mein Lieblingsschriftsteller in jener Zeit war Stephen King. Nach und nach las ich fast alle bis dahin erschienenen Bücher. Besonders fasziniert war ich von „*Friedhof der Kuscheltiere*"[8] und dessen Gedankenspielereien um das Thema Wiedergeburt und Leib und Seele. King ist ein Meister des subtilen psychologischen Horrors.

In seinem damals größten Werk „*ES*" wurde eben das „ES" aus dem freudschen Strukturmodells des „Ichs" zum Hauptthema des Buches. Eine uralte Spezies lebte in einer Kleinstadt Neuenglands. Dieses Wesen ernährte sich von den Seelen der Kinder, die es zuvor angelockt hatte und dann tötete. Seine Jagdmethode war, das Opfer als in den lustigen Clown Pennywise transformiert zu ködern. Hatte der Wechselbalg sein Opfer dann in seiner mentalen Gewalt, war er dann in der Lage durch die projektive Identifikation der größten Ängste und des erlebten Traumas des Gegenübers, diese furchtbare Gestalt anzunehmen. So starben seine Gefangenen durch die Verschmelzung mit ihm unter seelischen Höllenqualen[9]. Jahre später ist mir dann bewusst geworden, dass das Monstrum „*ES*" nicht nur eine Fiktion ist, sondern real existierte. Aber dazu später mehr.

---

[8] Vgl. Stephen King, Friedhof der Kuscheltiere, Ullstein; (11.Mai 2005)
[9] Vgl. Stephen King, ES, Heyne;(1986)

Mein Abitur bestand ich dann mit einer „zwei minus", wobei ich dazusagen muss, dass ich in fast jedem Fach, durch meine Lese-Rechtschreibschwäche bedingt, automatisch eine halbe Note abgezogen bekam.

Die Zeit nach der erlangten Hochschulreife bis zum Studienbeginn im Oktober verbrachte ich als Hilfsmaurer auf dem Bau. Diese Periode wurde durch einen dreiwöchigen Urlaub unterbrochen – ich fuhr mit dem Wohnmobil durch Nordamerika. Dort erfüllte sich ein lang gehegter Jugendtraum: Wir besuchten die Dinosaurierausgrabungsstätten mit angegliedertem Museum in Drumheller Alberta.

An ein beeindruckendes Exponat kann ich mich noch ganz genau erinnern. Es war ein Dinosaurier, der eine menschenähnliche Gestalt hatte. Unter diesem war ein Schild angebracht auf dem zu lesen war: *"If they didn't starve out 60 millions years before, he could be the ruler of the world now!"*

Damals gingen die Paläontologen noch davon aus, dass es sich bei den Sauriern um kaltblütige, Eier legende Nestflüchter handelte.

Dass unter ihnen zu hohen kognitiven Leistungen fähige, im Sozialverbund lebende, Brutpflege betreibende, lebendgebärende warmblütige Echsen lebten war damals noch nicht bekannt.

Das Exponat war zwar mutig aber trotzdem keinesfalls zu utopisch.

Es beherbergt auch die Hoffnung, dass es im Weltall außer uns noch mehr intelligente Lebensformen gibt.

Auf Befehl meiner Familie schrieb ich mich an der TU-Darmstadt im Fachbereich Bauingeneurwesen ein.

Eigentlich wollte ich das nicht studieren. Mein Traum war einmal einen Doktor in Biologie zu machen.

Das Studium entwickelte sich für mich zur Hölle. Unter den Erstsemestern fühlte ich mich als Außenseiter. Also knüpfte ich neuen Kontakt mit einem Studenten aus einem anderen Fachbereich.

Es war mein alter Bekannter Hans, mein ehemaliger Gruppenleiter aus meiner Pfadfinder Zeit. Er war drei Jahre älter als ich und studierte im dritten Semester Wirtschaftsingenieur. Durch ihn kam ich dann zu einem neuen Hobby, das Computer schrauben. Er hatte eine Engelsgeduld mit mir und brachte mir fast alles bei, was man zum Schrauben wissen musste. Der IBM-PC war gerade dabei, sich vom Industrierechner zum Standardrechner zu entwickeln und verdrängte die Commodore und Ataris aus den Studentenzimmern. Damals konnte man beim Bau, wegen dem Prototypencharakter der Rechner, noch viel falsch machen. War die Spannung für die CPU auf dem Mainboard zu hoch eingestellt, bedeutete dass gleichzeitig deren Zerstörung. Die Zeit mit Hans ging immer, durch das gemeinsame Spielen der neuesten PC-Spiele, im Flug vorbei. Am meisten Spaß machte es Rollenspiele mit ihm zusammen zu zocken. Er fand sich schon innerhalb kürzester Zeit in jedem neu entdeckten Labyrinth zurecht. Leider verloren wir uns nach meinem Studienabbruch aus den Augen. Rückblickend kann ich dazu sagen, dass ich mir durch das eingesparte Geld beim Eigenbau immer einen schnellen Rechner leisten konnte. Ich habe bis 2005 acht Rechner für mich selbst gebaut, drei Stück für Freunde und zwei PC für meinen Vater. Sie alle liefen gut. Ab 2005 ließ ich sie mir nach meinen Vorstellungen von einem kleinen hiesigen Betrieb bauen. Der Monteur erinnert mich dann mit seinem Enthusiasmus immer an Hans.

Eine Computersprache habe ich niemals richtig gelernt. Dies wurde durch meine zwei Teilleistungsschwächen behindert. Trotzdem hat mein Bauunternehmen in den letzten zwölf Jahren nur einmal Besuch von einem Systemadministratoren des Produzenten des komplizierten und häufig mit Fehlern gespickten Buchhaltungsprogramms gehabt, aber nur deshalb, weil ich nicht sicher war, ob ich den gravierenden Bug wirklich richtig entfernt hatte.

Der Computer

Zum Schluss dieses Abschnittes noch ein paar Gedanken zu diesem Thema. Auch hier fand die Prägephase bei mir im frühesten Kindesalter statt. Durch Fernsehserien wie „*Star Trek*", oder „*Mondstation Alpha*" begann mein Interesse für den Bordcomputer rasant zu steigen. Da waren Maschinen mit vielen, verschiedenfarbigen blinkenden Leuchten. Man musste sie mit Daten füttern und dann spuckten sie die immer korrekten Antworten aus, um das zu können, mussten sie mehr als nur rechnen zu können. Sie konnten mit anderen Rechenmaschinen, wie mit dem auf der Erde, verbunden werden und verfügten dann dadurch über ein riesiges Gedächtnis in dem das Wissen der Menschheit gespeichert war.

Zehn Jahre später, 1984 mit 15 Jahren hatte ich dann meinen ersten Zauberkasten, den Commodore C64 zur persönlichen Verfügung. Eines der ersten einfachen Programme die ich dafür in Basic schrieb, war ein Vokabeltrainer für Latein. Das Hauptprogramm war eine „If Then Routine" mit einem Zufallsgenerator. Mit dieser Maschine konnte ich das machen, zu dem ich scheinbar nicht in der Lage war: Sequentielles abspeichern von Daten – und deshalb bewunderte ich sie dafür.

Übrigens verbrauchte der komplette Computer mit Floppy und Fernseher damals circa 50 Watt/h.

Ein moderner Hochleistungsspiele PC der etwa vierzig Millionen Mal mehr Rechenleistung hat, verbraucht „nur" das Zehnfache, also 500 Watt/h, wobei der größte Teil der Leistung in Wärme umgewandelt wird, die bei Großrechner mit Kühl- und Lüftungstechnik aus den Räumen transportiert werden muss. Dabei benötigt eine Anlage mit einem Superrechner etwa so viel Strom, wie neunzig Privathaushalte, also 45 KW/h[10]. Bei einem Preis von 0,20 € pro KW ergibt das eine Jahresstromrechnung von 78.840,- €. Bei der Struktur der gewonnenen Energie in Deutschland entspricht das in etwa 224 to. an CO_2 Emission.

---

[10] Eigene Hochrechnung auf Basis des Strombedarfs des Superrechners *Jugene* in Jülich

Eine Idee von mir wäre, das anfallende Kühlwasser aufzubereiten und es als Fernwärme zu nutzen. Denn in der Energiebilanz entspricht dies immerhin eine Million gefahrene Kilometer in einem Mittelklasse-wagen. Dafür müsste ein Autofahrer 50 Jahre lang, also sein ganzes Leben, jedes Jahr 20.000 km mit dem Auto fahren …

Dass die Vision aus „*Star Trek*" des vernetzten Supercomputers so schnell Wirklichkeit werden würde, hätte wohl niemand vermutet.

Doch das „*World-Wide-Web*" mit beispielsweise seinem „*Wikipedia*" und seinem „*Google Earth*" hat wahrscheinlich damit in diesem Punkt „*Gene Rodden-berry's*"[11] kühnste Träume übertroffen …

In meinem Fachbereich fand ich erst im dritten Semester einen Kommilitonen als Freund. Andreas, ein zwei Jahre älterer Halb-Pole. Er war mit 16 über England aus dem damals kommunistischen Polen geflohen. Mich faszinierte Anfangs an ihm seine an-dersartige Kultur. Häufig brach auch eine Art Ego-ismus aus ihm raus, der aber als Rudiment des Über-lebenskampfs in einem totalitären Staat zu sehen war. Er war sehr sportlich und boxte als Amateur. Wenn man mit ihm zusammen eine Kneipentour machte, brauchte man keine Angst vor Schlägereien haben und

---

[11] Erfinder von Star Trek
http://www.roddenberry.com/corporate-gene
-biography (14.03.2011)

wenn es dann doch mal dazu kam, sprachen seine Fäuste ein paar klärende Worte.

Die Frauen, obwohl er sie eigentlich schlecht behandelte, waren wie verrückt nach ihm.

Also lernte ich den richtigen Umgang mit dem schwachen Geschlecht in der Theorie kennen. In der Praxis blieb ich der ständig verliebte und verklärte Romantiker.

Meine Leistungen an der Uni waren uneinheitlich. In allen Fächern, in denen es um Werkstoffe und deren Eigenschaften ging, brachte ich überdurchschnittlich gute Leistungen. In den Fächern, deren Kern der reinste Formalismus war, erlitt ich herbe Enttäuschungen. Ich glaube, der Hauptgrund für mein Versagen war, dass ich niemals gelernt hatte, sequentiell zu lernen.

Trotzdem schaffte ich das Vordiplom und die angeblich größte Hürde des Diplomstudienganges nach zwei extra Semestern.

Unter der Woche zwischen den Vorlesungen vegetierte ich vor mich hin. Häufig schaute ich pro Tag fünf bis sechs Stunden Fernsehen.

Am liebsten die damals noch wenig vorkommenden Dokumentationen, Wissenschaftssendungen, alte Piratenfilme und „*Star Trek TNG*". Als Literatur genoss ich die Horror-Werke von „*Clive Barker*" und als Höhepunkt und Abschluss meiner fantastischen Phase die Sammlung der Kurzgeschichten von „*Edgar Allen Poe*".

Am Wochenende blühte ich dann auf. Die meiste Zeit verbrachte ich dann mit Alfred, der in Marburg sein Medizinstudium angefangen hatte.

Er musste mir dann immer ein Repetitorium über sein neu erlerntes Wissen halten. Und so bekam ich in diesen dann darauf folgenden fünf Jahren einen privaten Grundkurs der Medizin von ihm geschenkt.

Wenn es nicht um sein Studium ging, drehten sich unsere Gespräche häufig um Richard Wagners Werke und deren philosophischen Dunstkreis, bestehend aus Nietzsche und Schopenhauer.

Ein- bis zweimal jährlich besuchten wir zusammen die Staatsoper in Hannover und erlebten seine Werke als Zuschauer.

Meine Eltern und seine Eltern waren von unserer Freundschaft nicht begeistert, weil wir außerdem auch häufig zusammen im Übermaß Bier tranken.

1993 hatte ich dann das Glück, für den „*Parsifal*" eine Karte in Bayreuth zu bekommen. Es war ein beeindruckendes Erlebnis. Als Begleitung hatte ich meinen Opa mitgenommen. Er selbst hatte jedoch keine Eintrittskarte. Er amüsierte sich über die Opernbesucher. Für ihn hatten sie alle einen Schuss. Aber das nicht aus Banauserie, denn in seiner Jugend sparte er sich ja auch immer Geld für Opernbesuche zusammen. Er freute sich, wenn es dann beispielsweise für den Tannhäuser in Meiningen für einen Hörplatz reichte.

Für ihn hatten die Besucher jeder für sich ihren speziellen Spleen und so seien die Wagnerianer dadurch ein Volk für sich geworden.

Ich selbst bin mir nach den vielen Opernbesuchen nicht sicher, ob seine These für alle Zuschauer gilt.

Viele Besucher und vor allen diese in Bayreuth genießen die Werke nicht aus Leidenschaft. Sie wollen nur dabei sein und gesehen werden. Sie sind dann in Salzburg die, die die Zauberflöte durch ständigen Szenapplaus zu einer Samstagabendschau machen.

Die Werke Wagners sind für mich voller Gedankenmodellen. Sie zeigen unverblümt den Mensch wie er ist. Die Harmonien und Akkorde sind überdies in der Lage, eine knisternde Stimmung zu erzeugen und durch die Musik Gefühle zu projizieren.

Als damaliger Opernneuling mussten die Inszenierungen für mich möglichst an der Urfassung angelehnt sein, heute bin ich für ein mutiges Bühnenbild und eine eigenwillige Interpretation dankbar, denn sie zeigt zum einen das Zeitlose des Werks und zum anderen bringt sie manchmal neue Erkenntnisse.

In den Pausen denke ich dann viel über das Erlebte nach, bin sehr introvertiert. Dieser introvertierte Ausdruck ist bei einer Reihe von Besuchern auch zu sehen. Ich glaube, das ist das, was mein Opa mit „Schuss" gemeint hat.

Als ich den „*Tristan*" zum ersten Mal hörte, verstand ich fast gar nichts. Die Komposition war quälend. Zu modern.

Eine Frau verliebt sich in den Mörder ihres zukünftigen Gemahls. Auf der einen Seite will sie ihn dafür töten, auf der anderen Seite vergeht sie in maßloser Liebe nach ihm. Eigentlich das, was ich bei den Liebschaften von Andreas auch beobachten konnte.

Auf der anderen Seite war die Person Isolde charakterlich das genaue Gegenteil dessen, was dem Beuteschemas meines Boxers entsprach.

Mein Großonkel, der mir auch die Bayreuther Karte besorgt hatte, sagte damals in diesem Zusammenhang zu mir: „Matthias, den Tristan zu verstehen ist ein schwieriges Unterfangen. Manche verstehen ihn niemals, anderen hilft eine eigene große Liebe beim Verständnis, hab Geduld, du bist noch jung."

Im Gedächtnis aus dieser Zeit ist mir die Szene aus der Liebesnacht geblieben:

„O sink hernieder,
Nacht der Liebe,
gib Vergessen,
daß ich lebe;
nimm mich auf
in deinen Schoß,
löse von
der Welt mich los!
Verloschen nun
die letzte Leuchte;
Was wir dachten,
was uns deuchte;
all Gedenken –
all Gemahnen –
heil'ger Dämm'rung
hehres Ahnen
löscht des Wähnens Graus
welterlösend aus.
Barg im Busen
uns sich die Sonne,
leuchten lachend

75

Sterne der Wonne.
  Von deinem Zauber
sanft umsponnen,
vor deinen Augen
süß zerronnen;
  Herz an Herz dir,
Mund an Mund"

Auszug aus Libretto des zweiten Aufzugs von „Tristan und Isolde" , Richard Wagner

Das hieß für mich damals, dass man in den Armen seiner Liebsten aufhört zu existieren. Zumindest aber das Gefühl zu Leben, also das Sein nicht mehr spürt, weil man dadurch zu einem Geschöpf verschmolzen wurde. Meine Erfahrungen zu der Zeit beschränkten sich jedoch auf die sehnsüchtige Melancholie zum schwachen Geschlecht in der Hoffnung, eine Isolde oder noch besser eine Brünnhilde zu finden.

Ich schwor mir, niemals meine Brünnhilde zu betrügen, auch nicht unabsichtlich, wie der unter induzierter Amnesie leidende Siegfried.

Auf der anderen Seite redete ich mir ein, dass Romeo und Julia nur deswegen ein Synonym für die reine Liebe geworden sind, weil sie kurz nach ihrer Vermählung in den Freitod gegangen sind.

Denn mal ehrlich, hätte es jemanden interessiert, wie das Paar einen Palast baut, Kinder kriegt, sich dann auseinanderlebt und sich am Ende vor lauter Langeweile scheiden lässt.

Abschließend muss ich noch sagen, war mir doch das Verhalten der meisten männlichen Mitbürger ein

Rätsel. Ein Paradoxon voller Unlogik, so überstieg es endgültig meinen Verstand, die Gründe für das Verhalten der weiblichen Mitbürgerinnen zu begreifen.

Auch damals schon war ich ein konservativ-liberaler, praktizierender Christ, heute ist noch die Sympathie für die konstitutionelle Monarchie hinzugekommen.

Bei Gesprächen mit dem schwachen Geschlecht machte ich aus meinen Moralvorstellungen und den Ansichten über die feste Rollenverteilung der Geschlechter auch kein Geheimnis.

Das ein oder andere Mal bekam ich Ohrfeigen dafür und wurde als Chauvinisten Schwein beschimpft.

Ein Hauptgrund für diese heftigen Reaktionen ist die Gehirnwäsche durch unsere Lehrkräfte. Was zu ständigen Schuldgefühlen und zum übersteigerten Feminismus, als ein Ersatz für den Nationalstolz, in Deutschland geführt hat und letztlich das Ende unserer Demokratie, des Sozialismus' und unserer Kultur bedeuten könnte.

Der Liebeswahn oder „die Hymne an die Nacht"

Anfang der neunziger Jahre fuhren meine Eltern anlässlich ihrer Silberhochzeit in die Karibik und luden meine Schwester und mich dazu ein.

Ich hatte gerade mein Vordiplom geschafft und das Schwimmen als meine alte Leidenschaft wiederentdeckt. Ich trainierte zwei bis drei Mal die Woche zweitausend Meter Freistil und sah athletisch aus. Das gab mir unwahrscheinlich viel Selbstvertrauen und machte mich zu einem entspannten, gut gelaunten Menschen.

Schon alleine die Gedanken an Worte wie Piraten der Karibik, Westindische Inseln, Rum und Harry Belafonte ließen mir kalte Schauer der Vorfreude über den Rücken laufen.

Auch die wunderschönen Korallenriffe würde ich dank meines Tauchpatentes hautnah erleben können.

Vielleicht hätte ich auch das Glück, wie Hemingway, einen Marlin zu fangen.

Und zur Abrundung des Ganzen hatte ich insgeheim die Hoffnung auf ein erotisches Abenteuer.

In der Ferienanlage gab es jede Menge hübsche Mädchen. Doch eine hatte es mir besonders angetan. Eine Spanierin die mit ihren Freundinnen angereist war.

Schon im Kindergarten hatte ich eine spanische Freundin und die vielen Urlaube auf den Balearen bekräftigten noch meine Sympathie für die Kultur dieses Mittelmeerlandes.

Wir lagen also am Strand, durch zwanzig Meter feinsten Sand getrennt voneinander und äugten uns verstohlen an. Auch meiner Schwester war das nicht verborgen geblieben. Sie ermunterte mich, beim nächsten Bad unserer Diva im   Meer elegant hinterher zu graulen und mich mit dem Satz: „Hola. Me ilamo Matthias. Y tu, como te ilamas?" vorzustellen. Denn meine Schwester hatte in der Schule spanisch gelernt und konnte als Dolmetscher gute Dienste leisten.

Also – gesagt, getan und im Handumdrehen hatte ich ein Date an der Tischtennisplatte.

Susanna war ein zierliches und schlankes 22-jähriges Mädchen mit langen braunen Locken. Also ein Jahr jünger als ich.

Sie versprühte einen unglaublichen Charme und ließ die heiße karibische Luft vibrieren. Sie hatte Mandelaugen und eine Locke hing ihr ins Gesicht. Unter der versteckte sie eine blitzförmige Narbe, die auf der Stirn gerade noch zu sehen war. Ihre Nase war groß und gewöhnungsbedürftig, auf der anderen Seite kompensierte sie das aber mit ihren schönen Zähnen, die sie beim Lächeln zeigte.

Nach einer viertel Stunde Ping-Pong war mein Herz voller Leidenschaft für sie und ich brauchte eine Abkühlung. Nach der Erfrischung trennten sich erst mal unsere Wege, aber nicht ohne uns zum gemeinsamen Discoabend zu verabreden. Unsere Kommunikation bestand aus einem Gemisch aus Englisch, Latein, Deutsch und „Body-Language", was erstaunlich gut funktionierte.

Wir trafen uns also in der Disco. Sie trug ein weißgeblümtes rotes Sommerkleid, was sie zu einem Blumenmädchen verzauberte. Erst tranken wir etwas, dann tanzten wir zusammen zur Musik. Dabei bewegte sie sich wie man es eigentlich bei der Skigymnastik tut. Ich dachte so bei mir: „Das ist wahrscheinlich ihr erster Disco Besuch und ihr wahres Alter ist nicht 22, sondern vielleicht nicht einmal 18 Jahre. Es ist wahrscheinlich ihr erster Urlaub ohne Mami und Papi."

Dann wurde ein Blues gespielt, den ich mit ihr engumschlungen tanzte. Was dann passierte habe ich weder vorher noch nachher jemals erlebt. Der Raum und das Licht um uns herum schienen sich zu verändern. Alles lief in einer Art Zeitlupe ab und inmitten dieses Phänomens schien es nur noch sie und mich zu geben.

Es dauerte nicht lange und unsere Lippen berührten sich zu einem ersten zarten Kuss. Und dann war sie da, *DIE NACHT DER LIEBE!* Das musste es sein, das Gefühl, wenn zwei, die zueinander gehören, sich gefunden haben und verschmelzen. Yin und Yang hatten sich gefunden.

Nach dem Tanz gingen wir an den Strand, dort schmusten wir den Rest des Abends. Mehr als schmusen wollte ich nicht, auch der Gedanke im Hinterkopf unter Umständen keine Frau sondern vermutlich einen Teenager in meinen Armen zu halten, bremste meine Lust auf Mehr. Und trotzdem war dies wohl rückblickend meine schönste Liebesnacht. *Herz an Herz dir, Mund an Mund.*

Um Mitternacht kehrte ich alleine auf mein Zimmer zurück, nachdem ich meine neue Amica zu ihrem Apartment gebracht hatte und ließ mich überglücklich ins Bett fallen. Schlafen konnte ich nicht, dazu war ich zu aufgedreht. Als ich dann doch etwas zur Ruhe kam, geschah etwas Außerordentliches. Ich hörte die Blumen Arie aus Bizets Carmen; „*Hier an dem Herzen treu geborgen....*". Erst dachte ich, das Radio oder der Fernseher wäre noch an. Ich konnte mich aber vom Gegenteil überzeugen und ging auf den Balkon, aber auch dort war die Ursache nicht zu finden. Zum Schluss überprüfte ich meine Schwester, vielleicht hörte sie noch Musik aus dem Walkman. Auch das war eine Fehlannahme. Das Lied entsprang in meinem Kopf und es war so real, als käme es leise aus den Lautsprechern eines Radios. Das war nun endgültig der Beweis für mich, dass ich die Liebe meines Lebens gefunden hatte.

Nun, mit vierzig kann ich diese schicksalhafte Nacht der Liebe mit den Augen eines nüchternen Wissenschaftlers und Psychologen sehen. Es bleibt dann letztlich nichts Echtes an ihr. Übrig geblieben ist nichts als ein großer aufgedeckter fauler Zauber.

Denn ich hatte mich mit einer Borderlinerin eingelassen.

Was ist eine Borderline-Pesönlichkeitsstörung? Es ist eine psychische Erkrankung, welche sich im frühen Jugendalter ausbildet. Sie ist gekennzeichnet durch eine Stabilität in Form von emotionaler Instabilität der betroffenen Person. Jene sucht sich immer wieder neue, sehr intensive zwischenmenschliche Beziehungen, die aber zum Schluss immer ihre überhöhten Erwartungen enttäuschen und vorübergehend eiskalt beendet werden. Emotional ist sie auf der Stufe eines Kindes geblieben, gefangen im Körper eines Erwachsenen. Sie lebt im Hier und Jetzt ohne Erinnerung an vergangene Gefühlssituationen. Sie besitzt kein festes Selbstbild und kein „Ich".

Deshalb ist sie nicht zur Selbstreflektion fähig. Um sich trotzdem in der Welt zurechtzufinden, teilt sie sie in zwei Pole ein. In Gut und Böse. Das Gute wird anfangs durch projektive Identifikation mit dem Gegenüber erzeugt, dessen Moralvorstellungen und Wünsche werden durch sie gespiegelt und durch die Verschmelzung die makellos perfekte Partnerin erzeugt. Das Schlechte wird abgespalten und dann auf das Gegenüber projiziert. Es findet also auf der einen Seite eine Idealisierung des Partners statt, die aber einen Augenblick später zur Abwertung derselben Person führen kann.

Wenn sich zwei Menschen verlieben, ändern sich die Konzentrationen der Botenstoffe im Gehirn. So wird über den Zeitraum von etwa sechs Monaten die Konzentration von Dopamin laufend erhöht. Danach bleibt sie in etwa konstant. Das Gefühl des Verliebt seins weicht durch das gestiegene Vertrauen des Partners in tiefe Zuneigung und Liebe.

Bei der Entstehung einer Bordeline-Beziehung wird der maximale Dopamin-Pegel bei dem gesunden Partner gleich am ersten Abend erreicht. Denn der glaubt, sein perfektes Gegenstück gefunden zu haben.

Genau das passierte an diesem Abend mit mir. Sie gab mir durch direktes Andocken an mein „Ich", denn ein Eigenes hat Sie nicht, durch projektive Identifikation, genau das, was ich mir wünschte: Die perfekte reine Liebste. Die Fleischwerdung meiner zärtlichsten Träume. Sie verursachte das Gefühl des Aufhörens des Seins. Während der Verschmelzung wurden dann in meinem Körper große Mengen an Noradrenalin, Dopamin und Serotonin ausgeschüttet. Das führte zu der Benommenheit während des Tanzens und ist mit einem starken Drogenrausch vergleichbar.[12] Und zu guter Letzt führte der extrem hohe Dopamin-Spiegel in den synaptischen Spalten meines limbischen Systems zur akustischen Halluzination in Form der im Kopf gehörten Arie. Eine Art von Wahn, der jedoch nur wenige Stunden anhielt. Der Weg zu dieser Erkenntnis war der steinigste und schmerzhafteste, den ich je gegangen bin …

Nach der Rückkehr nach Deutschland war ich regelrecht liebeskrank und konnte meine kleine Spanierin nicht vergessen.

Ich tröstete mich dadurch, dass ich eine glimmende Leidenschaft, die Fischerei, zum Brennen brachte. Denn zur Schulzeit verboten mir meine Eltern zu fischen, weil sie befürchteten, ich würde nichts anderes mehr machen. Ich machte also die Fischerprüfung. Auch hier brachte ich den Prüfungsausschuss zum Staunen, als ich die ausgefüllten Fragebögen nach acht Minuten, statt der vorgesehenen zwei Stunden abgab. Ein Prüfer, ein alter Fischer mit dem Spitznamen Forelle, sagte zu mir, dass es ihm Leid täte, dass ich nichts gewusst hätte. Ich antwortete, er solle nachschauen, es wäre kein Fehler drin!

In Nordamerika hatte ich Jahre zuvor Erfahrungen im Spinnfischen gesammelt und am Firehole-River im Yellowstone Park einen Fischer beobachtet, der eine

---

[12] Vgl. http://www.borderlinezone.org/biochemie/biochemie.htm (14.03.2011)

Rute, an dem ein Lasso angeknüpft zu sein schien, kunstvoll schwang. Das war mein erster Kontakt zur Königin des Fischens mit künstlichen Ködern, dem Fliegenfischen.

Ich werde häufig gefragt, wenn ich mich mit Musikliebhabern und Virtuosen über die klassische Musik unterhalte, ob ich ein Instrument spielen würde.

Meine Antwort ist dann immer ein schmunzelndes „Nein".

Im Grunde ist dieses „Nein" eine Lüge, denn ich habe jahrelang, durch verbissenes Üben eines der am schwersten zu beherrschenden Instrumente zu spielen erlernt.

Die Fliegenrute

Die künstliche Fliege zu werfen ist eine Kunst, die sich im Bereich 10 Uhr und 1 Uhr, mit einem Viertaktrhythmus beschreiben lässt. Am besten ist sie mit dem Improvisations Jazz zu vergleichen. Sie ist maßgeblich abhängig vom Set und dem Setting. Das heißt, vom Gewässer und dessen aktuelle Beschaffenheit, dem Wetter, dem Wind, dem aquatischen Leben und einem Selbst.

Unter Beachtung dieser Randbedingungen wählt man sich sein Instrument aus. Die leichte Einhandrute kann man mit einer Fidel vergleichen. Man fischt mit ihr hauptsächlich mit der Trockenfliege an kleineren und klaren Gewässern auf Sicht. Das heißt, der bestätigte Fisch wird direkt angeworfen, wobei die Fliege möglichst realistisch in der Nähe des Fisches landen sollte, um dann möglichst natürlich auf dem Oberflächenfilm zu driften. Wobei dies der schwierigste Teil ist, da sie selbstverständlich an der mit dem Fischer verbundener Angelschnur hängt und eben nur mit Tricks am Schlagen in die Selbige gehindert werden kann.

Der Wurf besteht also aus einem Viertaktrhythmus, wobei der Takt, zum Herausbringen der Schnur mit achtel Noten beginnt, sich dann mit zunehmender Länge der Schnur zu Viertel-Noten wandelt, um sich bei einer Schnurlänge über 15 Meter zu Halbnoten zu verlangsamen. In dieser Phase kann man sich, die Schnur in der Luft haltend, um seine Achse drehen. Für einen Zuschauer bietet das dann häufig faszinierende Anblicke, die mich selbst im Yellowstone gefangen nahmen und seitdem nicht mehr los ließen.

Ist das Ziel ausgemacht, wird die Schnur durch einen eventuellen Doppelzug und schnelles Vor- und Zurückbewegen zum schießen gebracht. Dabei verändern sich der Rhythmus und die Melodie zu der im Jazz typischen Endtriole, die den Beginn einer verschmelzenden kontemplativen Pause des eigentlichen Fischens bedeutet, an deren Ende der Anfang der neuen Strophe nahtlos angeknüpft ist.

Es ist also tatsächlich so wie beim Jazz, allein die Technik das Instrument zu spielen, reicht nicht aus. Man muss ohne ein Notenblatt und mit der besonderen Stimmung des Augenblicks in sich hineinhorchend und sich fallen lassend musizieren können.

Die schwere Einhand ist zum Fischen von Großsalmoniden und zum Hochseefischen geeignet und mit der Gitarre vergleichbar. Mit ihr kann man zur

Not auch so flink wie mit der Fidel spielen, aber ebenso auch so dumpf musizieren als würde man den Bass zupfen. Doch ihre variablen und vielfältigen Möglichkeiten entfalten sich erst durch den ambitionierten Virtuosen bei allerlei Trickwürfen.

Die dritte Kategorie ist die Zweihandrute, also der Bass. Sie ist allein durch ihre schiere Größe zum Fischen auf Lachs an großen Strömen hervorragend geeignet. Man kann mit ihr mit einem halben Rollwurf beginnend direkt übergehend in die Triole sehr kraftsparend fischen. Die Führung der Fliege in den verschiedenen Tiefen und Strömungszonen ist dabei von größter Wichtigkeit. Beim Drill ist ihre Länge und der damit verbundene lange Hebel eher als ein Hindernis, als ein Vorteil zu sehen. So verhält sie sich ähnlich wie ihre kleinen Schwestern. Denn die Fliegenrute wurde in erster Linie dafür konzipiert, die relativ schwere Schnur zu werfen, an dessen Ende sich der vergleichbar winzige und leichte Köder befindet. Man zäumt mit ihr sozusagen das Pferd von hinten auf. Der eigentliche Drill muss mit ihr, um auch Ausnahmefische wie den Königslachs und den Hundslachs erfolgreich zu landen, ebenso erlernt werden, wie das Werfen. Wobei sie sich mathematisch ausgedrückt, ähnlich wie eine Spinnangel zu einer Stipprute, eben im Quadrat verhält.

Durch die Fliegenfischerei hat man also die Möglichkeit, Eins mit der Musik der Natur zu werden.

Um ein guter Fischer mit der langsamen Zweihand zu werden, muss man zwangsläufig erst mit der leichten Einhand gelernt haben zu fischen, um dann anschließend mit der schweren Einhand vertraut zu sein. Denn erst wer gelernt hat, mit der Trockenfliege im Oberflächenfilm zu spielen, kann den vielleicht gerade noch sichtbaren Bonefishstreamer durch Strippen bei seinem Spiel beeinflussen und muss sich dann mit dem Lachsstreamer blind und bewusstseinserweiternd auf sein dadurch speziell trainiertes räumliches Vorstellungsvermögen verlassen können. Wer dies nun aber alles beherrscht, wird mit der Lachsfliege bei dafür geeigneten Gewässern wahrscheinlich ein Vielfaches an gehakten Lachsen aufweisen können, als der reguläre Lachsangler.

Mir persönlich kommen noch meine Fähigkeiten, wie ein Fisch denken zu können und meine Möglichkeit gelernt zu haben, anhand des Aussehens der Oberflächenfilms des Fließgewässers dessen Untergrund, also das Flussbett, zu visualisieren, zugute.

Ich bin bei Leibe kein Virtuose mit der Fliegenrute. Ich würde mich am ehesten mit meinem Geige spielenden Großvater vergleichen. Nicht schön, aber effizient und leidenschaftlich.

Ein Hauptreiz dieser Fischerei ist das Lernen, den Respekt vor der Kreatur zu erlangen. Denn nur wer die Möglichkeit nutzt, sich in sein Gegenüber hineinzuversetzen, ob in Mensch oder in die Kreatur, kann es, vorausgesetzt man ist zur Selbstreflektion fähig, sich und seinen Gegner zu respektieren. Das bedeutet auch, dass es Tage gibt, an denen man mehr oder weniger Glück im Kampf mit der Kreatur hat und dass man sie im Siegesfalle noch mehr als im Falle des Verlusts ehren sollte …

Der Blauflossenthun

Als Kind war ich von der Erzählung Hemingway's *„Der alte Mann und das* Meer" ähnlich angetan wie von „Moby-Dick".

„Santiago" ist einer dieser Fischer die in der Lage sind, mit der Natur zu verschmelzen und sich in ihr Gegenüber hineinzuversetzen.

>Doch das Glück war ihm lange schon nicht mehr hold und so muss er zusehen wie tagtäglich, sich auf die neueste Technik verlassende und mit modernen Yachten ausgerüstete Schlächter mit Fisch vollbeladene Decks all abendlich in den kleinen karibischen Fischerhafen einlaufen. Selbst sein Lehrjunge hat bei ihm abgemustert und fährt jetzt mit den neuen Fischern raus. Die Eltern wollten es so?!

Und dann passiert es: Der alte Mann und sein kleines Segelboot haken den Fang ihres Lebens. Einen Blauen Marlin der größer ist als der alte Mann und sein Boot. Durch die an beiden Enden große Schmerzen austeilende und verbindende Angelleine werden sie zu Blutsbrüdern.

Drei Tage lang zieht der Fisch nun das Boot hinter sich her, dann erst ist der Marlin aber auch der alte Mann am Ende seiner Kräfte. Im Delirium gelingt es dem Fischer, die Harpune in das Herz des Tieres zu stoßen und es damit zu töten.

Der Schwertträger ist zu groß, um ihn im ganzen ins Boot zu bringen, so wird er längsseits festgemacht und zieht durch die tödliche Verletzung eine Blutsspur hinter sich her, die selbstverständlich Haie anlockt.

Währenddessen sinniert der alte Mann über den Verkaufserlös des Fleisches und kommt zum Schluss, dass die Kreatur zu schön und edel zum Verspeisen sei. Aus seiner Tagträumerei wird er dann durch einen angreifenden Hai gerissen. Es entbrennt ein erbitterter Kampf zwischen dem Fischer und den attackierenden Haien, die die Beute für sich beanspruchen. Es gelingt ihm sogar, einen von den gefräßigen Haien zu töten, wobei er allerdings die Harpune verliert und nun nur noch mit der Pinne auf die gefräßigen Räuber ohne wirklichen Erfolg einschlägt bis er letztlich aufgibt und mit dem Boot, dem Marlin-Skelett und sich selbst in den Hafen zurückkehrt. <[13]

Über die Jahre habe ich durch lautenden Perspektivenwechsel herauszufinden versucht, warum mir diese Geschichte so nahe geht und warum ich solches Mitleid mit dem Protagonisten habe. Die Novelle ist eigentlich aufgebaut wie eine Tragödie, in welcher man versucht, einen geistigen Ausweg zu finden und man am Ende feststellen muss, dass es eigentlich keinen Sieger gibt, es gibt nur Verlierer.

Der Marlin hat aufgegeben und fand den Tod. Der Mann hat die letzte Schlacht mit den Haien verloren. Der Junge ist mit den modernen Fischern rausgefahren und hat die Chance verpasst, dabei zu sein, helfen und vor allem etwas fürs Leben lernen zu können. Die Hochseeboote sind zwar viel besser ausgerüstet, einen

---

[13] Vgl. Der Alte Mann und das Meer, Ernest Hemingway, Peter Viertel, USA 1958, Warner Bos.

Fang wie den des alten Mannes hatten sie jedoch nie. Die Haie haben zwar den Fisch gefressen, hatten aber auch Verluste in den eigenen Reihen. Das Restaurant hätte die Beute sicher gern gekauft, doch seinen Gästen bleibt nur noch der Ausblick auf die unverdaulichen Überbleibsel des Rekordfangs.

Und wenn man so grübelt und grübelt, dann kann man doch noch einen Siegerkranz vergeben.

Bewusst geworden ist mir das am 12. September 2001 auf einer Hochseeyacht mitten auf der Adria. Meine Frau, mein Sohn und ich verbrachten jenen Frühherbst zusammen in Rimini. Meine damalige Gattin hatte uns als Überraschung eine Hochseetour auf der Adria organisiert. Sie wusste, dass es ein großer Traum für mich gewesen war, einmal im Leben einen Blauflossenthun zu fangen.

Diese heute fast zum Aussterben gebrachte Spezies wird bis zu 600 Kilogramm schwer und sie ist wie alle Thunfische ein verbissener Kämpfer.

Wir fuhren also alle zusammen mit einer ca. 10 m langen Luxusyacht älteren Baujahrs heraus. Die Mannschaft bestand aus dem Besitzer, Mitte 30, schlank, der ein Macho und gleichzeitig den Skipper gab. Dann seiner jungen Frau und einem Helfer Mitte 50, sehr intelligent und obendrein deutschsprachig. Es wurden zwei Hochseeruten mit Sardinen beködert, als Schwimmer dienten kleine Luftballons. Zum Drillen des Fisches musste man in den Bug. Dort war dann ein Kampfstand, an den man sich stehend angurten konnte. Längsseits war eine Kiste, in der eine Art Förderband versteckt war, angebracht. Sie hatte die

Aufgabe laufend Sardinen als Lockmittel ins Meer auszuspucken und so für eine das Boot begleitende Duftspur zu sorgen. Preislich wurden wir uns auch einig. Ich erklärte mich bereit, auf meinen Anteil des Fanges zu verzichten und so mussten wir nur den Treibstoff bezahlen.

Gefischt wurde mitten in der Adria, an ihrer tiefsten Stelle. Wobei Jugoslawien vom Fangplatz genauso weit entfernt war, wie die italienische Küste.

Gegen Mittag platzte krachend einer der Luftballons und signalisierte zusammen mit der kreischenden Bremse der Multirolle einen Anbiss. Schnell wurde mir die Angel übergeben und ich ließ mich festschnallen. Dann begann ich den Fisch wie wild hochzupumpen und verausgabte mich innerhalb der nächsten zehn Minuten so derart, dass ich dem Skipper die Rute entkräftet übergeben musste. Er erklärte mir etwas schadenfroh lächelnd dann während er drillte, dass es unmöglich wäre, einen Thun mit Menschenkraft zu besiegen. Er wäre kein Lachs. Man müsse ihn ziehen lassen, mit dem Boot hinterher und wenn er eine schwache Minute hätte, dann könne man versuchen, etwas Schnur auf die Rolle zu bringen.

Nach weiteren zehn Minuten übernahm nun der Helfer den Kampfstand und der Skipper machte sich mit der Harpune bereit. Der Thun war jetzt schon im Wasser zu sehen. Er kreiste sichtbar an der Oberfläche, ein Zeichen, dass er anfing müde zu werden. In einer günstigen Sekunde fand die Harpune ihr Ziel, die Kiemen des Fisches. Denn zum Verkauf, um auf dem japanischen Markt Höchstpreise zu erzielen, musste er möglichst makellos sein. Zum Schluss hievten wir drei den rund 70 kg schweren Fisch durch eine Öffnung im Heck auf das Bootsdeck. Was für eine Schönheit von Fisch dachte ich zu mir, während meine zittrigen Hände sanft die wie frisch angeschnittenes Natrium schillernde Haut dieses von uns Drei nun entschärften Alkalimetalls streichelten. Der kurze Drill dieses Kraftpackets hatte mir eine Zerrung fast jeden Muskels in meinem Körper eingebracht. Ich war davon so ausgepowert, dass mir am Abend meine Frau aus der Badewanne helfen musste. Den Makel und mein wunder Punkt, den Fisch nicht alleine gefangen zu haben, nutzte sie niemals aus.

Nachdem wir den Fisch im Boot hatten, nahmen wir Kurs auf ein kleines Fischerboot, das um Hilfe gefunkt hatte. Als wir uns näherten, kam ich aus dem Staunen nicht mehr heraus. Es handelte sich dabei um ein hochseetaugliches Schlauchboot mit Außenborder, etwa 3,5 Meter lang. In ihm saß, verloren, ein von der Sonne gegerbter 45 Jahre alter Fischer. Rechts und links neben ihm jeweils ein Thun in der Größe unseres eigenen Fanges. Ich zweifelte an meinem Glauben und den Fähigkeiten als Fischer und fragte, wie das möglich sei. Ich bekam zur Antwort, dass es eigentlich leichter wäre, von einem kleinen Boot aus zu kämpfen, weil der Fisch das Boot ziehen würde und dabei müde würde. Das größte Problem wäre, den Fang an Bord zu bringen, aber auch dafür gebe es Tricks, denn die Bordwand sei ja nicht hoch.

Und nun dämmerte es mir, es gab doch einen Gewinner in Hemingways Novelle:

„das kleine Fischerboot"

Es hat den alten Mann jahrelang sicher aufs Meer gebracht. Es diente ihm als Plattform zum Fischen. Es hat sich tagelang von dem Fisch ziehen lassen und ihn ermüdet. Der Marlin war an ihm festgemacht, es hat dem alten Mann Schutz vor den gefräßigen Haien geboten und alle zusammen sicher nach Hause gebracht. Der einzige kleine Schönheitsfehler – die Pinne war an einem Hai zerbrochen.

Der Beutetrieb

Überdies findet man moralisch und ethisch alles was ein Fischer und Jäger braucht. Durch den Perspektivenwechsel und das Durchspielen alternativer Möglichkeiten wird es zu einer Quelle von vielen Gedankenmodellen.

So fragt man sich, warum es mir Spaß macht zu fischen?

Zum einen ist da der Reiz der Überraschung, nicht zu wissen welcher Fisch beißen könnte. Ihn überlistet zu haben. Die Ungewissheit während des Drills unter Umständen als Verlierer heimzugehen.

Der Adrenalin-Schub wenn der Biss erfolgt. Das Hochgefühl, wenn der Fisch gelandet ist und selbstverständlich der Urtrieb des Menschen und des alten Mannes, der Wille Beute zu machen.

Aber an den Fisch denkt eigentlich niemand. Er erleidet Qualen und muss meistens sein Leben am Ende der Tortur hergeben.

Wenn man ihn dann allerdings verspeist, hat sein Tod einen Zweck gehabt. Doch viele Angler essen keinen Fisch. Dies ist in meinen Augen ein ausreichender Grund, ihnen das Lösen des Jahresfischereischeins zu versagen. Denn dann verkommt das Angeln nur noch zum Spiel. Das Bild des Sportfischers, hat sich in den letzten Jahren erheblich gewandelt. Es ist schick, gefangene Fische wieder zurückzusetzen. Nun, unter bestimmten Voraussetzungen ist dies tatsächlich möglich und so gibt es sicherlich den ein oder anderen Fisch, der schon einige Male aus der Hand eines Anglers geschwommen ist, was ihn zudem zum Garant für die Nachhaltigkeit macht. Letztendlich ist es trotzdem Tierquälerei.

Ich selbst mache im Jahr ein Probefischen auf Weißfische an der Fulda in meiner Heimatstadt. Dazu benutze ich die Fliegenrute. Anhand meines Fanges lassen sich dann Rückschlüsse über den Besatz schließen. Gelingt mir dabei ein seltener Ausnahmefang, wie der eines vier Pfund Döbels, wird der selbstverständlich verspeist.

In meinen Angelurlauben habe ich immer darauf geachtet, dort möglichst viele eigens gefangen Fisch zu verzehren und den Überschuss mit nach Hause zu nehmen. Manchmal waren das bis zu dreißig Kilogramm mitgebrachter Räucherlachs, von dem nichts weggeworfen wurde.

Sicher habe ich auch schon Lachse zurückgesetzt. Ich hatte dabei aber kein gutes Gefühl, denn kein Fisch reagiert auf das Zurücksetzen so sensibel, wie der mit eigenen Hormonen vollgepumpte, magersüchtige und liebeskranke König der Salmoniden. Ein schwacher Trost ist, dass jede Karkasse von der Natur komplett verwertet wird.

Auf der anderen Seite gibt es aber auch Petrijünger, die jeden noch so kleinen Fisch mitnehmen und verwerten. Das ist sicherlich auch nicht Sinn der Sache. Denn wie gesagt ohne Nachhaltigkeit und Fangbeschränkungen geht es nun mal nicht. Das fängt mit dem, mit der Stippangel bewaffneten Fleischmacher an und hört mit dem alles verschlingenden Fabrikschiff auf, mit der Folge leergefischter Gewässer.

Jahrelang habe ich nach einem möglichen Happy End für den alten Mann gesucht und es gefunden.

Er ist voller Respekt für seinen Fisch und trotzdem tötet er ihn. Vielleicht weil er durch das Delirium nicht zurechnungsfähig ist? Wohl kaum. Wenn ich tagelang Zeit habe, um zu überlegen was ich im Falle des Erfolges mit dem Fisch tun werde, dann kann es nur eine richtige Entscheidung geben. Den Fisch abzuhaken und wieder frei zu lassen. Denn erstens weiß der Alte durch seine jahrelange Erfahrung, dass er ihn nicht ins Boot bekommen wird und nimmt seinen Verlust billigend in Kauf. Zweitens wurde das Boot weit abgedriftet und bei den karibischen Temperaturen verhitzt das ungekühlte Fleisch sicherlich schnell und macht es so nach der Heimkehr für Menschen ungenießbar.

Er fordert jedoch noch ein weiteres unnötiges Opfer in Form von einem toten Mako Hais, der die gleiche Lebensberechtigung wie der Mann und der Fisch hat. Er macht durch die Angriffe auf den Kadaver nur das, was seine Natur ist.

Ich kann durch meine eigenen Erfahrungen mit

dem Zurücksetzten von Prachtfischen nur sagen, dass dies zu den Sachen gehört, welche die größte Überwindung fordern. Die unbefriedigende Überwindung des Urtriebs des Menschen, Beute zu machen.

Ich bin mir sicher, dass dieser gewonnene Kampf erst die Tierhaltung möglich machte und damit von den Menschen schon tausende von Jahren gefochten wird.

Letztendlich hat der alte Mann aber dies in all den Jahren auf hoher See scheinbar nicht gelernt und gehört damit tatsächlich zu einer hoffentlich bald aussterbenden Spezies, denn heutzutage ist es unter den Sportfischern auf den Hochseeyachten die Regel, den gehakten Fisch wieder frei zu lassen. Vorher wird er markiert und man kann bei einem erneuten Fang Rückschlüsse auf dessen Wanderung schließen. Das geht manchmal sogar soweit, dass die Fische mit Peilsendern versehen werden. Der Internationale Verband für Sport Fischen (IGFA)[14] hat Formeln herausgebracht, mit deren Hilfe man anhand der Abmessungen des Fanges sein Gewicht ermitteln kann. Dem Fänger bleibt ein Urlaubsvideo, ein Foto und eine IGFA Urkunde von seinem Fang. Also wird wie gesagt, bis auf wenige Ausnahmefische, heute fast jeder tropische sportliche Hochseefang wieder frei gelassen und trotzdem sinken die weltweiten Bestände rapide. Der Hauptgrund dafür ist, weil es doch noch viel zu viele Santiagos und den unkontrollierbaren kommerziellen Fischfang gibt …

---

[14] Vgl. http://www.igfa.org/ (14.03.2011)

Nach zwölf Semestern Studium im Bauingeneurwesen zeichnete sich immer mehr ab, dass ich es wohl niemals beenden würde. Das Nebenfachstudium schloss ich zwar noch ab, aber die Hauptfachprüfungen stellten für mich eine zu große Hürde dar. Trotzdem konnte ich durch herausragende Leistungen in Studien- und einer Forschungsarbeit über die Stahlkorrosion mein immer mehr angeschlagenes Selbstvertrauen etwas ins Gleichgewicht bringen.

An den Wochenenden trank ich aus Frustration manchmal maßlos Alkohol. Ich fühlte mich sehr einsam und wünschte eine Frau könnte mich daraus erlösen. Ich frischte eine alte Schulfreundschaft mit Kirstin auf. Sie mochte kulturelle Veranstaltung genauso wie ich.

Als ich ihr dann nach einigen gemeinsamen Wochenenden signalisierte, dass ich mir mehr als nur reine Freundschaft erhoffte, bekam ich einen Korb mit der Begründung, ich wäre ein ganz besonderer, tiefgründiger Mensch, andersartig als ihre meisten oberflächlichen Freundschaften, aber das würde wahrscheinlich zum Problem werden. Als ich fragte warum, bekam ich zur Antwort, ich würde bei den gemeinsamen Konversationen immer sehr gut zu hören und könnte mich danach an jedes zusammen gesprochene Wort erinnern. Das mache ihr Angst.

Nebenher beschäftigte ich mich viel mit dem Zweiten Weltkrieg und dem amerikanischen Bürgerkrieg. Mein Hauptaugenmerk galt den Feldzügen, den Schlachten und der benutzten Ausrüstung.

Ich erlernte den Unterschied zwischen Strategie und Taktik und welchen Einfluss die Moral der Truppe auf die Schlacht hat und wie ein Offizier sie zu beeinflussen im Stande war. Ich sah im Fernsehen das Schlachtgemälde „Gods and Generals", das in Deutschland unter dem Namen „Gettysburg" in die Kinos kam. Es wurde zur Quelle einer meiner wichtigsten These:

„Es gibt nichts was Gott gleicher ist, als ein General auf dem Schlachtfeld."[15]

Die Freiheit
Der amerikanische Bürgerkrieg oder The American Dream

Es steht ohne Zweifel fest, dass das Ergebnis des Bürgerkriegs, also die Union der Staaten von Nordamerika, ein äußerst wünschenswertes war. Zum einen war es der Grundstein für die Gleichberechtigung der dort lebenden Rassen. Zum anderen sorgte die davon ausgehende Kraft anfangs für Stabilität auf dem Kontinent Nordamerika und dann später sogar auf der ganzen nördlichen Hemisphäre.

Falsch ist, dass die Sezession wegen dem Verbot der Sklavenhaltung in den dazu berechtigten Staaten begann, denn Abraham Lincoln wollte bei seinem Amtsantritt 1860 diese keinesfalls abschaffen. Er erlaubte sie sogar in den traditionellen Staaten explizit.

Die Gründe für den Krieg sind tief im Süden, in

---

[15] Fußnote 3. S.33

deren Bevölkerung zu suchen.

Die Einwohner rekrutierten sich aus Individualisten, die es gelernt hatten unter widrigsten Umständen überleben zu können. Kinder des Südens waren zum Beispiel George Washington oder der schon zitierte Patrick Henry, also Freiheitskämpfer, die an der Unabhängigkeit von England maßgeblich beteiligt waren.

Die Ideologie des Südens war die Demokratie, wobei der Kongress der Stadt, beziehungsweise dem Bundesstaat weiträumige spezielle Befugnisse zugestand.

So sollten die Gesetze jeder Gemeinde für das Leben ihrer ganz individuellen Gemeinschaft in ihrer speziellen Umgebung zu deren sicheren Überleben angepasst sein und dazu gehörte auch die für selbstverständlich gehaltene Sklavenhaltung. Bis 1860 war durch die besondere Stimmgewichtung in der Wahl zum Kongress des Staatenbundes immer ein Demokrat und Südstaatler zum Präsident gewählt worden. Da sich der Norden aber immer mehr zum Zentrum der Einwanderung entwickelte, büßten die Südstaaten immer mehr an politischer Macht ein. So führte die Wahl 1860, auch durch die Einbeziehung der Sklaven zur Bestimmung der Bevölkerungszahl, nicht mehr zum Überhang der Wahlmänner in Washington, so dass dadurch die Partei des industriellen Nordens, die Republikaner mit Lincoln an der Spitze als Regierung in das Weiße Haus einmarschieren konnten.

Die Republikaner vertraten die Ansicht, dass der Kongress das Gerüst der Gesetzgebung für die Bundesstaaten zu bilden hat und damit die lokale vom

Volke ausgehende Gesetzgebung an Einfluss verlieren muss. Also sollte in Zukunft das Bundesrecht das Staatenrecht brechen. Im Prinzip war dies nichts anderes als dieselbe Grundlage auf die unsere heutige Bundesregierung in Berlin fußt.

Dies war auch ein wichtiger Schritt, um das immer größer werdende Land überhaupt verwalten zu können. Wobei sich Lincoln bewusst war, dass es nur gemeinsam mit dem landwirtschaftlich geprägten Süden auch in Zukunft möglich sein würde, die Unabhängigkeit erhalten zu können.

Für die Angehörigen der Südstaaten genügte wahrscheinlich nur der Name „Die Republik" aus, um bei ihnen enorme Zukunftsängste auszulösen. Diese Angst und die Erinnerung an die Unterdrückung und Ausbeutung durch den Souverän Englands im 18. Jahrhundert waren dann ausreichend, um dann den endgültigen Zerfall der Union auszulösen, der die Geburt der Konföderation war. Was so viel bedeutete wie, dass sich Staaten zwar zu einer Interessensgemeinschaft zusammengefunden haben, sie aber trotzdem ihrer eigenen Souveränität treu bleiben werden.

Die Ausgangslage der Föderation war sehr gut. Sie konnten auf große Teile der Ausrüstung der Vorkriegsarmee zurückgreifen. Vor allen Dingen blieben fast alle kampferfahrenen Offiziere aus dem Süden, die den Gros der Vorkriegsarmee stellten, den Grauröcken treu.

Ihr Fußvolk selbst rekrutierte sich eben aus diesen individualistischen Überlebenskünstlern und die brauchten manchmal nicht einmal ihre Flinte gegen eine Muskete zu tauschen, um einsatzbereite Soldaten zu sein. Als Uniform diente ihnen ihre ausgebliche Arbeitskleidung aus Baumwolle, die sie als Regiment, dann grau erscheinen ließ.

Ihre Hauptstrategie war angelehnt an die des Herrn General Washington im Unabhängigkeitskrieg, nämlich einer Defensive in den Südstaaten, die es vorsah, lediglich ihre eigenen Ländereien zu halten und damit den Aggressor über kurz oder lang zum Aufgeben zu zwingen.

Doch die Jahre andauernde Kampfkraft der Rebellenarmee war vor allem auf die von charismatischen Generälen wie beispielsweise Robert E. Lee ausgehende Motivation, der Freiheit wegen, zu kämpfen zurückzuführen.

Daran änderte die Blockaden zu Land und zu Wasser und die ständigen grausamen Plünderungen der Yankees gar nichts, sondern diese stärkten ihre Kampfmoral noch zusätzlich.

Die ursprüngliche Strategie des Nordens trug zu Beginn des Krieges den Namen Anakonda. Er wollte wie eine Schlange den Süden umklammern, um ihn damit auszuhungern.

Das Sekundärziel war, nach dem Krieg eine intakte Infrastruktur und eine arbeitsfähige Bevölkerung zu haben.

Doch wandelte sich ihre Strategie schnell in einen Quartierkrieg, wie es ihn in Deutschland während des Dreißigjährigen Krieges schon einmal gab, um.

Ein Krieg, wo Schlachten keine Entscheidungen

brachten, sondern es entscheidend war, wie man möglichst ungehindert mit seiner Armee am schnellsten die nächste Stadt plündern konnte.

Den Nordstaatenarmeen, hier im Besonderen bei der Armee vom Potomac, fehlte es an ständig fließendem Nachschub nicht. Sie waren durch ihr Arsenal in Springfield und durch das Anwerben von freiwilligen Bürgern aus den Großstädten in der Lage, ein frisches Regiment nach dem anderen in ihr selbst produziertes fabrikneues blaues Tuch einzukleiden. Doch dessen Führung wechselte nach jeder verlorenen Schlacht, von denen es im Sommer 1863 ein gutes Dutzend gab. Doch das größte Problem war, dass der Unionsgedanke noch immer nicht bei den befehlshabenden Offizieren und vor allen Dingen bei den einfachen Soldaten angekommen war.

Die Motivationen der einzelnen Soldaten an dem Krieg teilzunehmen, waren unterschiedlich, aber nicht vom Freiheitsgedanken bestimmt und nach der verheerenden verloren Schlacht bei Fredericksburgh praktisch auf dem Nullpunkt.

Lincoln selbst versuchte nun durch das Fokussieren auf die Gleichberechtigung der Rassen und die Gewährung von Asyl für übergelaufene Farbige, Stimmung zu machen. Auch hielt er feurige Reden, um den Glauben an die Union zu stärken, doch hatte er kurz vor der Schlacht von Gettysburg gegen viele Widersacher in den eigenen Reihen zu kämpfen und stand dadurch kurz vor einem erzwungenen Rücktritt.

Ein grandioses Zeitzeugnis ist nun dieses verfilmte Schlachtgemälde der Schlacht von Gettysburg:

Die ungeschlagene 75.000 Mann starke Rebellen-armee unter General Robert E. Lee ist in der Deckung der blauen Berge marschierend auf dem Weg nach Washington, um von Lincoln einen Waffenstillstand zu erzwingen und Friedensverhandlungen einzuleiten. Dies ist der erste große offensive Vorstoß, dieser eigentlich defensiven Armee, des Krieges. Da es den Soldaten durch die Blockade schon seit längerem an Ausrüstung fehlte, im Besonderen an Schuhen, soll ein kurzer Halt in dem Nordstaatenstädtchen Gettysburg eingelegt werden, denn dort befindet sich, für die größten Teils barfuß laufenden Soldaten, die Mög-lichkeit, durch die dort ansässige Schuhfabrik, neues Schuhwerk zu erbeuten.

Die 83.000 Mann starke offensive Armee vom Potomac hat einen neuen Heerführer in dem zu-rückhaltenden Taktiker George Meade bekommen.

Man kann sie als absolutes Gegenstück zur Süd-staaten-Armee betrachten.

Zum größten Held dieses Schlachtgemäldes wurde der Kommandeur des 20. Maine Regiments, ein blau uniformierter Rhetorik Professor Namens Oberst Joshua Chamberlain, gemacht. Zu Beginn des Filmes hat er die Aufgabe, 120 kriegsmüde Meuterer, als Gefangene zur freien Verfügung, abzuführen. In meinen Augen kann man diese Szene stellvertretend für die moralische Verfassung der ganzen Armee ansehen.

Er lässt die vernachlässigten und entehrten Soldaten erst einmal zu sich kommen, dann hört er sich deren Gründe für ihre Kriegsmüdigkeit an, die die Folge von

Verwundungen, Vernachlässigung, von Hunger und von offensichtlich sinnlosen verlorenen Gefechten, sowie dem Anblick der gefallenen Kameraden sind. Er bittet sie, nachdem sie gegessen haben, zusammenzukommen, um ihnen dann eine beeindruckende Moralpredigt zu halten, die Freiheit als Vernunftprinzip:

„Vorhin war der Gefreite Bucklin bei mir. Leider muss ich euch sagen, dass ich heute nichts für euch tun kann. In ein paar Minuten werden wir uns in Marsch setzten, um den ganzen Tag zu marschieren.

Ich habe den Befehl, euch mitzunehmen. Mir wurde auch die Befugnis erteilt, euch bei weiterem Widerstand zu erschießen. Nun, das werde ich nicht tun, vielleicht jemand anderes, aber ich nicht.

Nun zu unserer Situation, die ganze Rebellenarmee wartet dort oben am Ende der Straße auf uns. Und deswegen ist Gewalt gegen euch auch kein Argument, denn die Stärke unseres Regiments ist auf die Hälfte gesunken und so brauchen wir euch. Die Entscheidung, ob ihr mit uns kämpfen wollt oder nicht, überlasse ich euch. Doch mit uns kommen, naja ihr werdet mitkommen.

Ihr wisst, warum wir hier sind und was wir hier machen, doch wenn ihr mit uns kämpfen wollt, dann gibt es einige Dinge die ihr wissen müsst. Dieses Regiment wurde letzten Sommer in Maine aufgestellt. Damals waren wir tausend Mann, von denen sind weniger als 300 übriggeblieben. Wir alle sind freiwillig zur Unionsarmee gekommen, genauso wie ihr. Manche meldeten sich weil ihnen zuhause langweilig war und dachten, es könnte Spaß machen.

Einige schrieben sich ein, weil sie sich schämten, wenn sie es nicht tun würden. Doch viele von uns verpflichteten sich, weil es nach ihrer Ansicht die richtige Entscheidung wäre.

Jeder von uns hat Männer fallen sehen.

Diese Armee ist etwas Besonderes. Wenn man sich die Geschichte der Kriege anschaut, dann findet man Menschen die für Geld, Frauen, Beute, Land oder Macht kämpften, vielleicht weil sie ein König führte oder sie gerne töten. Wir sind hier wegen etwas Neuem, das ist noch nicht oft in der Geschichte der Menschheit passiert. Wir sind eine Armee, die die Aufgabe hat, andere Menschen zu befreien!

Amerika soll ein freies Land sein, das Ganze, nicht durch eine Linie zwischen Sklavenhalterstaaten und Nichtsklavenhalterstaaten getrennt, von hier bis zum Pazifik.

Kein Mensch braucht sich zu verstecken, hier wird niemand in den Adel geboren. Hier wird man danach beurteilt, was man selber leistet und nicht wessen Sohn man ist. Hier kann man Jemand werden und hier ist der Ort, um sich niederzulassen. Aber es geht trotzdem nicht um das Land, denn davon gibt es immer mehr, sondern es ist die Idee, dass wir alle etwas wert sind, Du und ich.

Letztendlich kämpfen wir also nur für uns selbst.

Ich wollte keine Predigt halten und lasse euch zum Reden erstmals allein.

Doch jeder der mitkämpfen will, bekommt seine Muskete zurück und der nicht kämpfen will, wird nach der Schlacht eine faire Behandlung bekommen.

Männer, verlieren wir auch diese Schlacht, dann verlieren wir den Krieg."[16]

Ob und in wie weit der amerikanische Traum für die

---

[16]   Fußnote 3 S.34

moralische Wende in der Armee vom Potomac verantwortlich war, kann ich nicht sagen.

Ich glaube, die Soldaten der Nordstaaten waren in jenen schicksalhaften Sommertagen von der Angst getrieben, die siegreichen Rebellen könnten, nun erstmals auf Unionsboden, genauso plündernd vorgehen, wie sie selbst seit über zwei Jahren im Süden plünderten, brandschatzten und vergewaltigten.

Wahrscheinlich spielte auch die Furcht eine Rolle, als Besiegter im Süden versklavt werden zu können.

Entscheidend für den Sieg der Union in Gettysburg und damit die Wende im Bürgerkrieg war jedoch tatsächlich der plötzliche Rollentausch der beiden Armeen verantwortlich. So befand sich die Unionsarmee in einer Defensivposition auf den Hügeln, die zu ihrem Heimatland gehörten und Lee musste auf Gedeih und Verderb diesen schwierigen Angriff wagen, um seine Mission in Washington abschließen zu können.

Als kleines Bonbon wurde der Bajonettangriff des 20. Maine Regiment nachgestellt. Dabei wurden sehr gut die Charakterzüge und Ängste des aufgeklärten Universitätsprofessors Chamberlain ausgearbeitet. Ich bin der Meinung, dass es mit der Zunahme geistiger, in Verbindung mit erworbener Intelligenz immer schwieriger wird, selbstlose Heldentaten zu vollbringen. Die Gewissheit vor der Endgültigkeit des Todes wird immer größer.

Auf der anderen Seite ist es eine Gabe von solchen Menschen, sich durch ihr Einfühlungsvermögen, in ihren Gegner hineinversetzen zu können, was sie dadurch befähigt, den alles entscheidenden und erfolgreichen Angriff führen zu können.

Die letzten Jahre des Bürgerkriegs wurden dann damit zugebracht, den Willen der Konföderation mit einer überwältigenden Masse an Mensch und Material zu brechen, was selbst nach der Kapitulation des Südens und der Ausrufung der Union nicht vollständig gelang. So trieben noch Jahre nach dem Bürgerkrieg Rebellenbanden wie die von Jessey James im Wilden Westen ihr Unwesen. Auch der Klu-Klux-Klan ist ein Enkel dieser Zeit.

Doch schließlich siegte nach 150 Jahren die Vernunft und proklamierte den ersten farbigen Demokraten Barack Obama zu seinem Präsidenten...

Um die Ursache des Freiheitswillens zu finden, hilft auch ein Modell aus „*Star Trek TNG*".

Die Cyborgs

>"*Die Borg*"[17] ist eine kollektive Lebensform. Das Individuum existiert nicht mehr. Die einzelnen Drohnen sind durch kybernetische Implantate miteinander vernetzt. Sie leben in einem rationell gebauten Kubus, in dem alle platzsparend wie in einem Bienenstock untergebracht sind. Jedes Mitglied hat einen eigenen Alkoven, der um Platz zu sparen vertikal im Würfel angebracht wurde. Dort können sie sich selbst

---

[17] Vgl. Star Trek: Der erste Kontakt, Gene Roddenberry, Rick Berman; USA 1996, Paramount Pictures

von fast tödlichen Verletzungen aber auch von simplen Erschöpfungserscheinungen regenerieren.

In ihrem Blut befinden sich zusätzlich sogenannte Nanobots. Also Miniroboter die in der Lage sind, alle Reparaturaufgaben im Borgkörper durchzuführen. Sie gehorchen alle einem kollektiven Willen, so haben sie ein sie vereinigendes kollektives Bewusstsein. Bei den wichtigen Erkundungsmissionen außerhalb des Kubus' reagieren sie wie ferngesteuerte Maschinen, wobei sie über eine Subraumfrequenz ständig Kontakt zum Kollektiv halten und deren Befehle ausführen. In diesem Zustand kann man sie am ehesten mit einem Körperteil, wie zum Beispiel einer Hand vergleichen.

Wird eine Einheit durch eine bestimmte Waffe verletzt oder gar getötet, dann werden noch im selben Moment Gegenmaßnahmen passend zu der Fremdaggression für den Rest des Verbands trainiert und diese damit für weitere Angriffe immunisiert. Auf diese Weise werden sie von der Umgebung angepasst.

Die Gruppe selbst besitzt keinerlei Spielraum für eigene Kreativität und ist, um sich weiter entwickeln zu können, auf die Assimilation von fremden Lebensformen, sowie dessen Technologie angewiesen.

Bei der Assimilation werden dem Gegenüber Nanobots injiziert, die aus ihm in kurzer Zeit ebenso einen Cyborg machen, gleichzeitig gehen dann sein komplette Bewusstsein und damit alles gespeicherte individuelle Wissen in das Kollektiv über.

Deshalb hinken sie und mit ihnen ihr Raumschiff technologisch zwangsläufig immer etwas hinter der führende Rasse im Weltraum hinterher, was sie dadurch besiegbar macht …<[18]

Warum bekommt man als freier Mensch bei solchen fiktiven Gedankenspielen beklemmende Gefühle?

Weil es den Urtrieb des Menschen nach Willensfreiheit ins Gegenteil verkehrt und einen nicht mehr lebenswerten Zustand erschafft, der per Definition auch kein menschliches Leben mehr darstellt.

Das erklärt auch die Abscheu des freien Geistes gegen totalitäre kommunistische Regierungen und deren Instabilität in einer aufgeklärten Welt.

So ist dieser Urtrieb wohl der Stärkste, der in uns vorhanden ist. Also muss er von großer evolutionärer Wichtigkeit gewesen und in der Vorzeit zu finden sein…

Der freie Wille oder der göttliche Funken

Der Siegeszug der Menschheit begann vor circa 160.000 Jahren in Zentralafrika.

Der Protagonist war ein dunkelhäutiger ohne übermäßige Körperbehaarung ausgestatteter Hominide. Dunkelhäutig deswegen, um dadurch die tiefer liegenden Gewebsschichten vor der zerstörerischen Kraft der UV-Strahlung zu schützen. Nackt deshalb, weil dort das ganze Jahr über Temperaturen herrschten, bei denen die Unbehaartheit von Vorteil war.

---

[18] Weiterführende Informationen auf (http://www.startrek.com/database_article/borg (14.03.2011)

Es handelte sich also ursprünglich um ein Lebewesen, das zum Leben in den warmen Regionen in Äquatornähe angepasst wurde.

Aber wie kam es dann dazu, dass dieses physiognomisch auf seine Nische extrem abgestimmte Lebewesen, außer den extremsten Lebensräumen wie beispielsweise der zentralen Polregion, die ganze Welt erobern konnte?

Vergleicht man einen Europäer mit seinem älteren Bruder aus Afrika, so kommt man aus dem Blickwinkel eines Psychologen zur Erkenntnis, dass es keine Unterschiede gibt.

Aus der Perspektive eines Evolutionsbiologen sind die Abweichungen der beiden Erbgüter als vernachlässigbar gering zu bezeichnen.

So werden letztlich die drei größten anatomischen Unterschiede erst aus der Sicht eines Bionikers bei einem direkten Vergleich der verschiedenen Rassen auffällig:

Es wich die Betacarotin verschlingende permanente dunkle Pigmentierung des Farbigen, einer durch das stärkere Sonnenlicht in der vitaminreichen Sommersaison induzierten temporären Bräune des hellhäutigen Europäers.

Als zweiten Unterschied könnte man noch die auf die unterschiedlichen Durchschnittstemperaturen der jeweiligen auf die Atemluft angepasste Ausformung der Nase nennen, und drittens die der Klimatisierung seines wertvollsten Organs dienenden entsprechend abweichende Kopfbehaarung.

Doch wie konnte dieser Frühmensch Darwins

Evolutionstheorie dermaßen ins Wanken bringen?

Durch seinen schöpferischen Geist und die dadurch entstehende, sich selbst verstärkende Endlosschleife.

Also war der erste Schritt aus seinem warmen Paradies in Richtung Freiheit die Herstellung und das Tragen von Kleidung. Was nun die Möglichkeit eröffnete, in Regionen zu leben, in denen die Temperaturen unter acht Grad Celsius fallen konnten, ohne ihn an Unterkühlung sterben zu lassen.

Es stellte sich heraus, dass es dort viele Beutetiere gab, die es wiederum möglich machten, dass nun immer größer werdende Gehirn mit protein- und energiereichem Fleisch zu versorgen.

Der Homo Sapiens wurde zum weltweiten Erfolg, weil er durch seine Kreativität in der Lage war, durch seine geringe physiognomische Varietät gar in der Lage sein musste, auf kleinste Veränderungen in der für ihn mit der Zunahme der Entfernung zum Äquator immer kühler und damit feindlicher werdenden Umwelt zu reagieren.

Dieses teilweise prophylaktisch kreative Agieren ist ein Urtrieb von uns, was uns dadurch wieder mit der Evolutionstheorie in Einklang bringt und heute der freie Wille genannt wird.

Er ist aber auch dafür verantwortlich, dass der Mensch offensichtlich zum aggressiven Virus mutierte, der seine Umgebung bewusst verändert und zerstört.

Die erste große Veränderung seiner Umwelt war auch hier das tragen von Kleidung. Mit dem Benutzen von Anziehsachen veränderte er seine direkte Umgebung so, dass er in ihr auch außerhalb seiner ihm von der Natur zugewiesenen ökologischen Nische dauerhaft überleben konnte. Sie wurde sozusagen zu einer Umgebung zum Mitnehmen. Auf die Spitze getrieben, waren die ersten um den Körper des Hominiden gebundenen Felle der erste Weltraumanzug der Menschheit und das Verlassen der warmen Äquatorregion ihr erster Weltraumspaziergang. Diese wärmende Hülle gab ihm also die Möglichkeit, in einer unwirtlichen Umgebung zu überleben. Dadurch wurde es für den Vormensch möglich, fast jede vorhandene ökologische Nische des blauen Planeten zu besetzen, mit der Folge einer sich stetig verringernden Artenvielfalt in der Fauna und Flora unserer Erde.

Anders gesagt führten diese ersten schöpferischen Erfindungen und die damit an allerlei Nischen sich anzupassen fähige Psyche dazu, dass scheinbar unsere Gaia zu unserem Fehlwirt wurde …

1996, mit siebenundzwanzig, konnte ich das Handtuch an der Uni werfen, weil ich im elterlichen Betrieb gebraucht wurde. Die Bauindustrie begann in die größte Krise seit dem Zweiten Weltkrieg zu schlittern und durch eine Krebserkrankung unseres Bauführers war diese offene Stelle schnellstens von mir zu besetzen. Innerhalb von drei Monaten verkleinerte sich unsere Firma von dreißig auf acht Mann.

Ich selbst verfügte über ein desolates Selbstvertrauen und begann eine Sozialphobie zu entwickeln, denn das jahrelange Ausgegrenzt werden und das Mobbing hinterließen nun Spuren in meinem Selbstbild. Ich verfluchte den Tag meiner Immatrikulation und wünschte mir, nach dem Abitur eine Maurerlehre mit anschließendem Maurermeisterlehrgang gemacht zu haben. Ich fühlte mich wertlos und dumm. All das, was jahrelang mein Selbstbewusstsein hoch gehalten hatte, der Glaube über besondere Gaben zu verfügen, starb an dem Tag meiner Exmatrikulation.

Anfangs hatte ich wahnsinnige Angst vor Kundengesprächen, Verhandlungen und vor dem Telefon.

Ich selbst hielt mich für eine gescheiterte Existenz und hinter meinem Rücken tuschelten die Leute: „Das ist der ewige Student und der ist vom Beruf Sohn."

Die Psychologie nennt dies die Folgen jahrelangen Underachievements und mich einen Underachiever.

Unser größtes Problem kann es sein, das wir nicht um unsere Gabe wissen und diese durch den Mangel an Förderung verkümmern kann. Oder aber in meinem Falle, ich mich unbewusst selbst förderte und deshalb den riesigen Berg an für mich noch unbekanntem Wissen sah und mich deshalb für dumm hielt.

In Wahrheit verfügte ich damals über umfangreiches Wissen in allen naturwissenschaftlichen Disziplinen, hatte Grundkenntnisse in der Medizin, ein bis auf die Hauptdiplomfächer und deren Diplomprüfung abgeschlossenes Bauingenieurstudium. Auf dem Gebiet Bauphysik, Bauchemie und Werkstofftechnologie konnte ich sogar ein Expertenwissen vorweisen.

In den militärischen Disziplinen war ich mit der Kriegsführung der letzten 150 Jahren vertraut und so konnte ich mit Begriffen wie „Flankenangriff",

„Zitadellpanzerung" oder „aus der Sonne" etwas anfangen.

Durch die Liebe zur klassischen Musik war ich schon damals zu einem Wagner Experten herangereift und auch Goethes Faust, Schillers Wallenstein und Frischs Andorra waren mir bekannt.

Das gleiche galt für die übrigen Künste, wobei mein Interesse dafür jetzt mit vierzig Jahren wiederaufkeimt.

Die eigene Philosophie reifte im Verborgenen heran, wobei ich mir vierzig Jahre nichts aus der klassischen philosophischen Lehre machte, ja sogar durch meine Teilleistungsstörung machen konnte. Ich erschuf mir meine Eigene, deren Früchte in diesem Buch gerade einen Platz finden. Genau das gleiche Schicksal erlitt meine Liebe zur Soziologie, Geschichte und der Politik.

Meine volle Aufmerksamkeit schenkte ich damals wie heute den neuesten Entwicklungen aus Forschung und Technik. So verfügte ich über gute Computerkenntnisse und erlebte die Vernetzung der Welt hautnah und werde mich wie wahnsinnig über mein erstes Elektroauto freuen können.

Durch meine guten Englischkenntnisse, die bis zu meiner ersten Solo Reise nach Nordamerika immer unter dem Scheffel der ausgezeichneten Expertenleistung meines Vaters, der Englisch in der Schule lehrte, standen, war es mir möglich in die irische, kanadische und amerikanische Kultur einzutauchen. Ich benutzte alle meine Reisen auch immer zur kulturellen Weiterbildung.

Durch meine Lateinkenntnisse war es mir überdies möglich, zumindest geschriebene Sätze von Sprachen mit lateinischem Ursprung sinngemäß zu übersetzen.

Durch das Angeln konnte ich mit der Natur verschmelzen und lernte so das Visualisieren des Flussbetts.

Meine Liebe zur Natur und zum hessischen Wald hatte mich zum Waldläufer gemacht, dessen Lieblingsbeschäftigung das Pilze suchen war.

Manchmal fühlte ich auch die Melancholie eines Seefahrers, der auf einem langen Heimaturlaub war und der schnell wieder auf hohe See wollte, weil da am Ende des Horizonts etwas war, was noch niemand vorher gesehen hatte.

Am meisten aber vermisste ich eine geliebte Frau an meiner Seite.

Mein bester Freund in der damaligen Zeit war ein drei Jahre jüngerer BWL Student. Er schwärmte mir immer von Aktiengewinnen an der Börse vor, bis ich mich mit diesem Thema verbissen beschäftigte. Ich verschlang die Werke von „*Kostolany*" und „*Warren Buffet*", wobei ich die „*Value Strategie*" von Buffet zu der meinen machte [19]. Durch Kostolanys größten Spekulationserfolg mit seinen zaristischen Anleihen [20] angespornt, vertiefte ich mich auch in das von den Vermögensberatern für kompliziert gehaltene Geschäft mit Schuldverschreibungen aller Art. Zuletzt

---

[19] Vgl. Robert G.Hagstrom, Warren Buffet, Börsenmedien (1999)
[20] Vgl. Andre Kostolany, Die Kunst über Geld nachzudenken, Econ (2000), S.50

arbeitete ich mich noch durch das Themengebiet des Optionsscheinhandels durch und erlangte die Termingeschäftsfähigkeit, jedoch ohne nennenswerte finanzielle Erfolge. Den erzielte ich hingegen während und nach dem Platzen der Internetblase 2001 mit Nebenwerten und einer äußerst erfolgreichen ausländischen Anleihen Spekulation auf Dollarbasis. Dort konnte ich Summa Summarum einen Wertzuwachs von vierzig Prozent innerhalb eines Jahres und eines Tages für das von meinem Großvater anvertraute Kapital erzielen, wobei sich der steuerfreie Anteil auf 32 Prozent bezifferte. Wohlgemerkt war das in dem Jahr als die Jets in das World-Trade Center krachten. Während die halbe Welt wie gelähmt panikartig Kapital aus der Börse abzog, investierte ich in Airline Aktien. Rückblickend auf die letzten zwölf Jahre kann ich sagen, dass ich durch meine Strategie jedes Jahr einen ordentlichen Gewinn einfuhr und mir dadurch den einen oder anderen Luxus erlauben konnte. Ich habe seit meiner frühesten Kindheit ein großes Faible für Uhrwerke und wohl deshalb eine Sammelleidenschaft für Schweizer Uhren entwickelt. Wahrscheinlich aus demselben Grund, wie der für die Bewunderung von Computern. Denn ein Zeitgefühl habe ich genauso wenig, wie die Möglichkeit sequentiell lernen zu können. Selbstverständlich ging auch an mir die Immobilienkrise nicht spurlos vorbei. Denn ich verlor den Wert eines Mittelklassewagens innerhalb von zwei Monaten. Das schlimmste an dem Verlust war, dass ich die Position wegen einer Finanzierung auflösen musste und damit schon bei deren Anschaffung gegen eine meiner Prämissen verstieß. Ab dem 1. Januar 2009 hat durch das Abschaffen der Spekulationsfrist von einem Jahr für mich das Ganze an Glanz verloren. Übrigens war ich zehn Jahre Abonnement der „*Financial Times Deutschland*". Sie half mir bei meinen finanziellen Entscheidungen und ganz nebenbei ist durch das tägliche Lesen meine Legasthenie fast spurlos verschwunden.

Vor der Vollendung meines 30. Lebensjahrs hatte ich nun zum zweiten Mal in meinem Leben die Möglichkeit, den Parsifal in Bayreuth zu sehen. Mit der Vollendung meines 40. Lebensjahrs habe ich eine ganz besondere Sicht auf dieses mysteriöse, pseudoreligiöse Werk bekommen.

Richard Wagners Parsifal

Immer wieder wird Antisemitismus und National-sozialismus mit Wagner in Verbindung gebracht und das zu Unrecht.

Richard Wagner ist ein Kind der Aufklärung, des Deutschtums und des Liberalismus. Den größten Teil seines Lebens hat er über sein geliebtes Deutschland nachgedacht und ihm viele seiner Werke gewidmet. An dem einen oder anderen jüdischen Mitbürger hat er sich auch gerieben, aber das war hauptsächlich, durch die ständigen, schlechten Kritiken und dem Tannhäuser Reinfall in Paris, eine nur zu verständliche Gegenreaktion.

Bei der Entstehung des Ringes implementierte er aktuelle Geschehnisse in der deutschen Politik und Geschichte. Er bemerkte, dass nur eine grundlegende radikale Erneuerung zu einer neuen Welt führen könnte. Das wird dadurch anschaulich, dass er einige Passagen in den einzelnen Werken des Rings immer wieder umschrieb und eben an die gerade stattfindenden Ereignisse anpasste.

Das Ende in der Götterdämmerung war eine Möglichkeit, durch die vollständige Vernichtung eines Reiches ein Fundament für den Neuanfang zu schaffen.

Dass sein Traum der Erneuerung jedoch auch ohne vorherigen Untergang auf Basis des Alten möglich ist, wurde ihm in den Jahren 1848 bis 1871 von einem ganz besonderen Menschen vorgeführt und das entsprach mit Sicherheit dem, was Wagner auch für typisch Deutsch hielt. Ebenso wird dem Deutschen die Eigenschaft nachgesagt, etwas nur um seiner selbst Willen zu tun.

All das und noch viel mehr verkörperte damals Otto von Bismarck Wagners „Fal" „Parsi" der reine Tor.

Ich bin mir heute sicher, dass dieser seine Inspiration für die finale Fassung vom Parsifal war. Es gibt viele nicht zu leugnende Parallelen zu dessen Lebenslauf. Warum noch keiner auf diese Idee gekommen ist? Vielleicht weil kurz nach der Uraufführung die Reichsgründung eben noch keine Historie war. Weil die weisen Philosophen von damals den Wald vor lauter Bäumen nicht sahen und zuletzt, da die Geschichtsschreibung rund um Bismarck über sechs Generationen unter erheblichen Fluktuationen gestanden hat und Bismarck mal vergöttert und mal verteufelt wurde.

Wagner hatte sicherlich vor, ganz offiziell, diese Oper dem eisernen Kanzler zu widmen. Doch als der ihm die finanzielle Unterstützung für den Bau seines Opernhauses versagte, blieb es eine heimliche Widmung. Bis heute!

Nun zur Beweisführung. Die Personen in seinen Werken verkörpern nicht immer tatsächliche Personen, sie können auch für Ideologien und Völker stehen.

Titurel, der Vater Amfortas steht für das prärevolutionäre Europa und zwar für den deutschen „Absolutismus-Light" als Herrschaftsform. Amfortas hingegen ist die nachrevolutionäre Regierungsform der Aufklärung in Gestalt der konstitutionellen- bzw. parlamentarischen Monarchie. Sie ist aber noch nach dem Wiener Kongress durch die Folgen der Revolution und die dadurch entstandenen Beschneidungen nicht umsetzbar. Sie krankt daran, dass einige Machtverhältnisse und Befugnisse der einzelnen Regierungsorgane nicht geklärt wurden. So haben die politischen Umwälzungen und die napoleonischen Freiheitskriege die Regierungsgewalt sozusagen entmannt. Die Gralsritter sollen die Landesfürsten darstellen, mit Gurnemanz als das Hohenzollerngeschlecht an der Spitze. Kundry hingegen ist das Volk, die Liebe zu ihm und der nationale Gedanke. Sie versucht anfangs dem kranken Amfortas zu helfen, scheitert aber a priori daran, dass sie noch nicht begriffen hat wie sie ihm helfen kann. Sie erkennt aber auch, dass Gawan, also der Adel ihm auch nicht helfen können. Und die Knappen (das Parlament) verspotten sogar die hilfsbereite Kundry, bis sich Gurnemanz schützend vor sie stellt.

All das erzeugt eine Stimmung der Resignation und der Ausweglosigkeit. Denn eines muss man sich vor Augen führen, die einfachen Bauern wurden zwar aus der Lehnsherrschaft befreit, konnten mit dieser neuen Freiheit aber nichts anfangen. Ein Mensch, der jahrelang geführt wurde und dann auf einmal frei sein soll, ist das gleiche, wie das noch nicht erwachsene Kind, welches durch den Tod der Eltern nun für sich alleine zu sorgen hat. So war die Sicherheitspolitik des Vormärzes eigentlich eine gut gemeinte Sache, die aber auch den gesellschaftlichen Fortschritt aufhielt, auf der anderen Seite eine neue Generation von Mensch hervorbringen würde. Einen Bürger, der behütet von der Familie, in Frieden aufwuchs. Manch einer von diesen Freigeistern hatte nun noch die Möglichkeit ein Studium zu absolvieren, und konnte sich dann in eloquenter Runde Gleichgesinnter formieren und so den Kopf des liberalen Vormärzes erzeugen.

Nun, mitten in die Märzrevolution (der Schwan) prescht ein Junker hervor und versucht diese mit einer Gegenbewegung aufzuhalten, obwohl er eigentlich in derselben Isolation des Biedermeier als konservativ Liberaler aufgewachsen ist. In seinem Herzen trägt er, so wie seine Studienkollegen aus den für ihn verhassten Burschenschaften, den Wille etwas ändern zu wollen. Autoritäten sind ihm ein Graus. So startet er in Eigeninitiative eine Gegenrevolution. Jedoch erntet er dafür vom König Friedrich Wilhelm IV. nicht gerade

Lob. Außerdem wird er dann Zeuge des Scheiterns des ersten Paulskirchenparlaments (Abendmahl)[21], das hauptsächlich an dem Unwillen zum Annehmen der Kaiserwürde seines Mäzens Friedrich Wilhelms IV. seine Wirkung nicht richtig entfalten konnte. Als Folge seiner Torheiten war die bis auf weiteres ausgesprochene politische Ausgrenzung durch den König. Der bemerkt zwar nicht wie Gurnemanz und bildet damit den Schlussakkord für den ersten Akt: *„ lass du hier künftig die Schwäne in Ruh` und such dir, Gänser, die Gans!"* Richard Wagner, Parsifal, Ende des 1. Aufzugs

aber dafür: *„Nur zu gebrauchen, wo das Bajonett schrankenlos waltet".[22]*

In dem dann folgenden zweiten Akt wird Bismarck Gesandter und hatte die Möglichkeit, die Blüten des neuen französischen, österreichischen und russischen Kaiserreichs (Klingsor) zu erleben.

Klingsor wollte auch edler Gralsritter werden, hat sich deshalb selbst entmannt und geriet auf den falschen Pfad. Dadurch konnte er den Speer (die Kaiserkrone) im Kampf gewinnen und kontrolliert seit dem dessen Kraft. Doch von der einstigen Herrlichkeit und den Grundsätzen: Einigkeit, Brüderlichkeit, Gleichheit ist nur noch ein Kunstgebilde in Form von

---

[21] Beachte die Ähnlichkeit des Bühnenbildes der Uraufführung von 1882 in Bayreuth, hier die Szene außerhalb der Gralsburg mit der Ansicht der Paulskirche in Frankfurt
[22] Volker Ullrich, Bismarck, Otto von, rororo, Auflage: 4(2.Juni 1998) S.41

einem scheinbar unbesiegbaren verführerischen Zauberschloss mit Zaubergarten übriggeblieben. (Die nach dem Sturm verwüstete Bastille)[23]

Kundry, also das Volk, hat sich während der ersten Phase der Revolution unmenschlicher aufgeführt, als es der Absolutismus jemals war. Ja, es konnte gar Richelieu in den Schatten stellen. Es hat gerade in Frankreich erst den herrschenden Adel zur Guillotine geführt und dann später Funktionäre aus den eigenen Reihen köpfen lassen. (Christus auf dem Weg zur Kreuzigung verlacht.) Es handelt wie schon oben beschrieben, wie ein Kind ohne Eltern und Moral. So lässt es sich immer wieder hinreißen, der falschen Ideologie zu folgen oder es weckt den Beschützerinstinkt und das Mitgefühl des Herrschers für dessen Freiheit, der sich dann anschließend die Zügel ganz oder teilweise aus der Hand reißen lässt (Amfortas). Nur wer Härte gegenüber ihr zeigt und ihren Verführungskünsten widersteht, kann sie erlösen. Und Bismarck widersteht und erkennt nun die Ursachen, die Preußen und die Einigung Deutschlands lähmen, um sie Stück für Stück zu beseitigen. Er wird als konservativ liberales Gegengewicht zur neuen Fortschrittspartei (Kundry) zum preußischen Ministerpräsident berufen.

Ab diesem Augenblick wäre für ihn auch eine vorübergehende Diktatur ein probates politisches

---

[23] Beachte die Ähnlichkeit des Bühnenbildes der Uraufführung von Klingsors Schloss mit zeitgenössischen Gemälden von dem Sturm auf die Bastille

Werkzeug gewesen.

Dann setzt er die allgemeine Wehrpflicht durch und erhält für alle Handlungen endlich die ersehnte Rückendeckung vom König.

Danach ordnet er die Machtverhältnisse in der preußischen Verfassung, um im Anschluss Österreich herauszufordern und bei Königgrätz vernichtend zu schlagen (Blumenmädchen). Er kehrt als charismatischer Sieger nach Preußen zurück und trifft dort nun nicht mehr auf Widerstand für die Revolution von oben.

Zum Schluss des zweiten Aktes erringt er den entscheidenden alles vereinenden Sieg bei Sedan gegen Frankreich im französisch-deutschen Krieg (die Vernichtung Klingsor).

Für den letzten Akt hat er als Waffe nun den heiligen Speer (Kaiserkrone) für sich gewonnen, der aber nur im richtigen Augenblick seine Wirkung entfalten kann.

Nach der Schlacht von Sedan ging ein Ruck durch das siegreiche deutsche Heer. Bei dem Anblick der vielen Verwundeten und Toten auf beiden Seiten wussten die Soldaten nicht, ob sie sich freuen oder vor Mitgefühl vergehen sollten. Viele begleiteten die Bilder dieser   Schlacht ein Leben lang.

Mit ihrem Ende starb nun auch endgültig der Absolutismus in Deutschland (Titurel).

In Sedan zeigte sich also eine vollkommen veränderte Kundry. Sie ist erwachsen geworden und bereit Deutschland loyal zu dienen. So hat sie sich schließlich zum aufgeklärten Deutschen Volk gewandelt und sich so für ihr Wahlrecht qualifiziert.

Parsifal erkennt rückblickend welches Leid er doch teilweise verursacht hat. Doch wird er von Gurmemanz beruhigt und zum Gralskönig (Reichskanzler) gesalbt, um seinerseits das aufgeklärte Bürgertum (Kundry) als neues Mitglied der Demokratie zu taufen.

Zuletzt kehren alle in die Gralsburg[24] zurück, dort wird die konstitutionelle Monarchie mit dem Speer zum zweiten Kaiserreich geheilt, um dann den Gral, der die reine Vernunft oder mit anderen Worten die konstituierende Sitzung verkörpert, zu enthüllen und damit der Erneuerung zu danken …

…und nun wird auch klar warum Richard Wagner bei den von ihm besuchten Aufführungen zwischen den Akten applaudierte…

Mit dreißig Jahren hatte ich nun endlich auch in der Liebe Glück und so war ich mit 31 verheiratet und mit 32 Papi eines Sohnes.

Meine Sozialphobie wurde durch den Umstand, geliebt zu werden, von Tag zu Tag weniger und meine Arbeit fing an, Spaß zu machen und Geld abzuwerfen. Erstaunlich war auch der Umstand, dass je höher der Bildungsgrad meiner Kundschaft war, desto mehr wurde ich von ihr für meine teilweise unorthodoxe Kreativität zum Lösen von Problemen an der Bau-

---

[24] Beachte die Ähnlichkeit des Bühnenbildes der Uraufführung innerhalb der Gralsburg mit der Innenarchitektur von Schloss Versailles

stelle von ihnen gelobt. Meine Angestellten teilten häufig nicht meine Ansichten und so stieß ich häufiger auf Widerstand mit der Begründung, „aber so haben wir das doch immer gemacht". Ich fing an, diesen Satz zu hassen. Ich war zwar immer noch nicht in der Lage, größere statische Berechnungen zu machen, jedoch fiel mir auf, dass ich bei neu zu konstruierenden Stahlbetonteilen im Gehirn die dort fließenden Kräfte visualisieren konnte. So fiel mir an den Baustellen ohne einen Blick in die Statik geworfen zu haben auf, wenn Baustahl vergessen wurde.

An einem Samstagabend, meine Frau war mit unserem Kind zu Besuch bei ihren Eltern, lief eine Wissensshow im Fernsehen. Der ultimative Intelligenz Test nach dem von „Mensa" zertifizierten System. Angeblich das Nonplusultra in Sachen IQ-Tests, es war sogar ein Psychologe anwesend, der die prominenten Kandidaten und das Publikum zu betreuen hatte.

Nun gut, also legte ich mir wie angesagt Papier und Bleistift zurecht und nahm an dem Test teil.

Viele einfache Aufgaben vielen mir schwer, doch die Aufgaben die zur Bestimmung der Intelligenz im räumlich visuellen Denken bestimmt waren, fielen mir leicht. So musste man an einem System von verschiedenen Zahnrädern die Laufrichtung bestimmen oder komplizierte Würfel im Kopf drehen und dann zuordnen.

Am Ende der Show sollte man seine im Einzelnen errechneten Punkte addieren. Die Summe stellte den persönlichen IQ dar. Ich addierte also und erreichte

128 Punkte, was weit über dem Durchschnitt von 100 lag, jedoch noch unter der Schwelle von 130, die eine Hochbegabung anzeigte.

Eine prominente Kandidatin und Schauspielerin konnte mit 130 Punkten den Sieg erringen und im Publikum saß ein Doktor der Naturwissenschaften, der 137 Punkte erreichte und zum Spitzenreiter der Zuschauer gekürt wurde. Zum Schluss gab die Psychologin noch an, dass bei Vollendung des 30. Lebensjahres fünf Punkte zum Ergebnis dazuzuzählen sind und der Test nur zuverlässig bis 130 funktionieren würde. Ab dieser Schwelle wäre ein High-IQ-Test nötig. Also war mein eigentlicher Wert an diesem Abend 133.

Ich war enttäuscht, einen so blöden, nicht aussagekräftigen Test mitgemacht zu haben, wollte aber, um sicher zu gehen, noch einen Onlinetest im Internet machen. Ich absolvierte also zwei weitere Tests, die mir beide eine Hochbegabung attestierten, aber in meinen Augen nicht seriös waren, bis ich auf die „*Internationale High IQ Society*"[25] stieß, deren Test im Netz vielfach gelobt wurde. Dort erreichte ich dann bei einem High-IQ Test im Bereich „metaphorisches Denken" 155, im Abschnitt für das „räumlich visuelles Denken 143, sowie für das „Durchschauen von Systemabläufen" 134 und hätte sofort Mitglied in dieser Hochbegabten Vereinigung werden können. Am Ende dieser Testreihen kam ich dann zur Erkenntnis, dass ich zwar keine Hochbegabung, aber ein

---

[25] http://www.highiqsociety.org

gutes Händchen im Lösen von IQ-Aufgaben habe und dachte nicht mehr daran.

Angeregt durch meine Frau, die ihrer Aussage nach aus einer Jägersfamilie stammte, meldete ich mich 2003 zum Jungjägerkurs an.

Er machte mir Heidenspaß. Endlich konnte ich meinen Traum, mal Biologie zu studieren, ein wenig ausleben. Und ich lernte neue Menschen kennen. Einer, Markus, wurde zu meinem Freund. Er verpasste mir den Spitznahmen Dr. Doolittle. Auch den mochte ich. Ja, es machte mich stolz von ihm bewundert zu werden. Auch heute noch holt er sich bei schwierigen Entscheidungen Rat bei mir und umgekehrt kann man ihn zu jeder Tages- und Nachtzeit um Hilfe bitten. Er kommt immer.

Die Prüfung selbst absolvierte ich als Jahrgangsbester von insgesamt 32 Prüflingen im Schwalm-Eder-Kreis.

Mein Lehrprinz Thomas bat mir nach bestandener Prüfung eine tolle Jagdmöglichkeit in seinem Revier und so konnte ich mich nun endlich in der Jagd ausleben. Ich hatte von Anfang an ein schon fast unheimliches Jagdglück und so begann sich meine Trophäenwand in Windeseile zu füllen.

Gleichzeitig hatte ich die Gelegenheit, neue Freunde kennen zu lernen, die wiederum ähnlich gestrickt waren wie ich selbst. Das erstaunliche daran ist jedoch der Umstand, dass die meisten meiner Freunde 60 Jahre unter älter sind. Ich glaube dass es hauptsächlich damit zusammen hängt, dass man ab einer gewissen Reifestufe für das Zugesagte auch einsteht und ich gerade diese Charaktereigenschaft bei den meisten gleichaltrigen Menschen vermisse.

Nun möchte ich mich mit einem brandheißen Thema zur Jagd auseinandersetzen.

Die Rückkehr des eurasischen Luchses in die deutschen Wälder

Es ist wahr, dass der Mensch im 18. Jahrhundert bis zur Mitte des 19. Jahrhundert diese Raubkatze in Deutschland ausrottete. Es ist wahr, dass sie seines Pelzes wegen eine begehrte Trophäe war. Im Internet existieren Seiten von Tierschützern zu diesem Thema.[26] Dort kann man lesen, wo und wann das letzte Pinselohr in einer bestimmten Region erlegt wurde. Ob dies jeweils der Letzte seiner Art in der Region war, wage ich zu bezweifeln.

Es ist unsinnig, dass diese Großkatze durch die Verfolgung des Menschen, insbesondere durch die Jagd, in Deutschland ausgerottet worden ist.

Die Gründe für sein Verschwinden sind woanders zu suchen, nämlich im deutschen Tann des 18. Jahrhunderts.

Im 10. Jahrhundert, zur Zeit Karls des Großen waren über 90 Prozent der Fläche der Bundesrepublik bewaldet, im 18. Jahrhundert war nur noch ein Drittel von dieser Ursprungsfläche übriggeblieben. Denn die wurde gerodet, um den Bauern Ackerfläche und den

---

[26] Vgl. Bsp.
http://www.natur-lexikon.com/Texte/HWG/00
1/00056/HWG00056.html (14.03.2011)

Schmieden Holzkohle liefern zu können.

Im europäischen Vergleich standen wir damals trotzdem prächtig da, weil zum einen unser Bevölkerungswachstum durch den Dreißigjährigen Krieg gehemmt worden ist und unsere Baumstämme nicht in irgendwelche Armadas, Silberflotten oder in Schiffe die Expeditionsstreitkräfte beherbergten, geopfert worden sind, die dann letztlich alle von der Royal Navy geplündert und versenkt wurden.

Trotzdem wurde der deutsche Wald immer intensiver genutzt, so nahm durch die Industrialisierung die Holzkohlegewinnung stetig zu. Als Beispiel ist hier der Melsunger Ortsteil Günsterode zu nennen, das ein traditionelles Köhlerdorf war, welches im 19. Jahrhundert dreißig Prozent mehr Einwohner als heute hatte. Auch wurde das Vieh von den Bauern in den lichten Bestand zur sogenannten Hute getrieben. Dort ließ man es dann die Waldkräuter äsen, sowie Eicheln und Bucheckern fressen.

Dem Ökosystem tat das sogar gut, denn die Flächen wurden gedüngt und boten im zeitigen Frühjahr und im Herbst noch Äsungsmöglichkeiten für das Rehwild.

Doch das änderte sich Mitte des 18. Jahrhundert, denn die Bauern erkannten, dass Milchkuh, wenn sie im Stall untergebracht wurde, mehr Milch produzierte. Zusätzlich kehrten sie das Laub unter den Bäumen auf und benutzte es als Streu für ihre Tiere in den Stallungen. Die Bucheckern wurden gesammelt und zu Öl gepresst und die aufgesammelten Eicheln dienten als Mastfutter für die Hausschweine.

Dadurch verwandelten sich diese Grünflächen in eine Wüste, in der es kein Unterwuchs mehr gab und damit die Lebensgrundlage für das Rehwild und viele andere Wildarten wegfiel.

Deshalb wurde das nun weniger zahlreich vorhandene Niederwild gezwungen sich immer mehr an ein Überleben an den Waldrändern und in den Hecken der Feldflur anzupassen.

Der Luchs ist ein faszinierendes Lebewesen. Das sprichwörtliche hören wie ein Luchs lässt sich darauf zurückführen, dass er mit seinen Pinselohren noch auf 75 Meter eine raschelnde Maus und auf 500 Meter ein ziehendes Reh orten kann. Er ist ein Jäger, der großräumige Streifgebiete mit mindestens 1.000 Hektar benötigt. Er ist sehr scheu und zieht sich weit von den menschlichen Siedlungen tief in den dunkeln Wald zurück. Ein Mischwald mit viel Unterwuchs und Naturverjüngung sind für ihn ein ideales Biotop. Zu seinem Beutespektrum gehören Mäuse, Marder, Füchse, Vögel, Hasen, und Hochwildkälber. Doch seine Lieblingsbeute ist das Rehwild, was etwa achtzig Prozent seiner Nahrung ausmacht. Um zu überleben braucht das bis zu dreißig Kilogramm schwere Tier circa ein Reh pro Woche.

Damit wird nun klar warum diese Katzenart im 19. Jahrhundert in Deutschland verhungerte und warum sie sich nun 200 Jahre später dort wieder ausbreitet.

Denn seit über 30 Jahren wird der deutsche Forst ökologisch bewirtschaftet. Es gibt keine Kahlschläge mehr, die Hauptaufgabe der Wiederaufforstung wird der Naturverjüngung überlassen. Ein bestimmter

Prozentsatz an alten Bäumen wird als Totholz im Bestand gelassen und verleiht ihm dadurch einen Urwaldcharakter und bietet außerdem dem Luchs noch Ansitzmöglichkeiten. Flankierend werden immer mehr Wildruhezonen ausgewiesen. Der Rehwildbestand hat sich in manchen Revieren seitdem verdreifacht.

Wir Jäger werden uns also an die Katze mit dem Stummelschwanz als heimische Wildart gewöhnen müssen und sollten uns in der Öffentlichkeit als wichtiger Faktor für ihr Überleben präsentieren. Denn durch ihre Wiedereinbürgerung wird ein Rechtfertigungsgrund zur Jagdausübung, nämlich den Wildbestand kontrollieren zu müssen, weil es keine großen Beutegreifer mehr gibt die es für uns tun, hinfällig.

Ich bin der Meinung, dass wir uns trotzdem nicht dahinter verstecken brauchen. Denn der Grundsatz, als Jäger für ein möglichst vielfältiges und ausgewogenes Artenspektrum zu sorgen, bleibt uns in jedem Fall erhalten. Auch waren wir Jäger die ersten die es bemerkt haben, dass der Luchs in freier Wildbahn überlebensfähig ist und für Nachkommen sorgt. Genauso sind wir die ersten, die merken wenn eine neue Tierseuche am Ausbrechen ist und haben die Möglichkeit dem entgegen zu wirken. Auch ist es uns zum Teil zu verdanken, dass es in Deutschland noch so viele Wälder gibt. Denn in der Vergangenheit wurde der ein oder andere Hektar nur deswegen vom Kahlschlag verschont, weil wir dort unsere Jagd auch in der Zukunft noch ausüben wollten und dadurch das Wort Nachhaltigkeit schon mehr als hundert Jahre in unserem Sprachgebrauch fest verankert wurde. Wir sind also letztendlich Naturschützer ersten Grades und dadurch zu einem wichtigen Baustein in dem uns umgebenden Ökosystemen geworden. Dafür sollten wir dann auch das Recht haben, ein biologisch dynamisches Lebensmittel in Form von Wildbret erzeugen zu dürfen. Vielleicht bekommt nun endlich das feinsinnige Rehwild bei dem ein oder anderen Forstmann und Jäger wieder seine Ehre und seinen Wert zurück, denn bei den Drückjagden kommt manchmal gleich ein Dutzend davon zur Strecke, die meistens noch zerschossen sind und dann für ein Taschengeld an den Wildhändler verkauft werden müssen. Auch wenn es uns wurmt, einen weiteren Fressfeind in unsere Reviere bekommen zu haben, der uns alleine schon deshalb Angst macht, weil er ein Spiegel unsere eigenen Passion ist, eigenmächtige und unüberlegte Hegemaßnahmen sind der komplett falsche Weg. Unser Ziel sollte es sein, innerhalb der nächsten zwanzig Jahre eine derart große stabile Population heran gehegt zu haben, dass man diese zum Hochwild zählende Großkatze per Abschussplan wieder bejagen kann und vor allen Dingen darf ...

2006 begann ich, aufgeschreckt durch die Fernsehwerbung für ein Zeitungsabonnement, ein neues Langzeitprojekt. Die Werbung versprach: Bauen Sie das „Schlachtschiff Bismarck" im Maßstab 1:200 in Museumsqualität. Zehn Jahre zuvor bastelte ich ein Modell des Schlachtschiffs Bismarck aus Plastik im Maßstab 1:350.

Also entschloss ich mich, das drei Jahre dauernde, schwere Projekt zu beginnen. Dazu musste ich vollkommen neue Techniken erlernen und mir jede Menge spezielles Werkzeug kaufen. Es war eine Geduld abverlangende Uhrmacherarbeit, die ich jedoch meisterte. Ich war über mich selbst überrascht, als ich ein weiteres verborgenes Talent erweckt hatte und mit meinen Händen feinmotorige Höchstleistungen vollbringen kann.

Dies wohl auch aus dem Grund, dass ich zwar Rechtshänder bin, diese Dominanz aber bei mir nicht ausgeprägt ist.

Eine weitere Besonderheit in meiner Physiognomie ist die Tatsache, dass mein linkes Auge dominiert. Ich nehme an, dass dies damit zusammenhängt, weil der Sehnerv des linken Auges mit der rechten Gehirnhälfte verbunden ist. Somit die empfangenen fokussierten Videodaten ohne Umweg verarbeitet werden können.

Nach rund 10 gemeinsamen Jahren zerbrach meine Ehe und so trennte ich mich von meiner Frau. Es dauerte jedoch nicht lange, da lief ich regelrecht in eine neue Beziehung herein. Sie war zehn Jahre jünger als ich und so erlebte ich den zweiten Frühling. Anne war etwas ganz besonderes. Sie hatte acht Semester Psychologie studiert und ihr Studium so wie ich dann kurz vor dem Examen abgebrochen. Mit Gelegenheitsjobs als Betreuerin hielt sie sich über Wasser. Sie erinnerte mich unwahrscheinlich an meine Susanna aus der Karibik. Wir hatten anfangs eine sehr innige Beziehung, die jedoch nach einem halben Jahr immer wieder durch einen Krach, meist wegen Lappalien, unterbrochen wurde.

Genaugenommen zerbrach die Beziehung circa alle fünf Wochen. In den Trennungsphasen bekam ich immer unwahrscheinliche Schuldgefühle und versuchte, für sie zu einem besseren Menschen zu werden. Meine Freunde mochte sie nicht und um meine Eltern machte sie einen großen Bogen. Sie warf mir vor, ein Mamasöhnchen zu sein, obwohl ich doch schon mit 19 Jahren zuhause ausgezogen war.

In den harmonischen Phasen unserer Beziehung schwebte ich wie auf Wolke sieben und fühlte mich ihr unwahrscheinlich nahe.

Geistig beschäftigte ich mich nun mit der Psychologie und der Philosophie.

Äußerst beindruckend finde ich das „*Modell der moralischen Entwicklung nach Kohlberg.*"[27] Er liebte es außerdem, gedankliche Dilemmas zu kreieren, die er dann an den Universitäten von Studenten ausprobieren ließ.

Angespornt durch dies Wissen erschuf ich selbst ein Dilemma mit dem Namen, der Fall Isaac. Es soll beweisen, dass der Mann und die Frau, durch ihre ganz speziellen Veranlagungen, zum Funktionieren der Gesellschaft dort einen bestimmten Platz einzunehmen haben. Der Rollentausch, also nicht zweckmäßig ist.

---

[27] Vgl. http://arbeitsblaetter.stangl-taller.at/MORALISCHEENTWICKLUNG/Kohlbergmodell.shtml (14.03.2011)

Der Fall Isaac

Sie (Vater oder Mutter) machen mit ihrem achtjährigen Sohn einen Winterspaziergang im Schnee, es ist klirrend kalt.

Plötzlich verlieren sie Ihr Bewusstsein und als sie und Ihr Kind wieder zu sich kommen, befinden sie sich in einer Stahlkammer, die 3 x 3 x 3 Meter groß ist. Auf einer Wandseite sind eine Stahltür, ein faustgroßes Loch unter dem sich eine Wasserpfütze befindet und eine Art geschlossener Wäscheschacht verbaut. Vor diesem befindet sich ein quadratisches Eisenblech mit den Maßen 0,5 x 0,5 Meter. Auf der gegenüberliegenden Wand ist ein Fenster, das etwa so groß ist wie das Eisenblech und aus Panzerglas zu bestehen scheint. Unterhalb des Fensters ist eine Runde Öffnung, die wie eine Irisblende aufgebaut ist und in etwa einen Durchmesser von dreißig Zentimeter hat, sie führt in einen weiteren Stahlraum der die gleichen Innenmaße aufweist wie das Ankunftszimmer. Durch das Fenster kann man sehen, dass an der gegenüberliegenden Wand des anderen Zimmers ebenso eine Stahltür und ein Loch verbaut worden sind. Nur der Wäscheschacht fehlt, stattdessen sind dort drei Kippschalter auf circa einem Meter Höhe angebracht worden. Der linke ist blau -, der mittlere rot - und der rechte ist gelb bemalt worden.

Auf dem Boden des ersten Zimmers liegt ein Briefumschlag, der, wenn man ihn aufhebt, einen kurzen Alarmton auslöst und damit einen Countdown startet.

Wenn man den Umschlag öffnet, dann kommt ein Brief zu Vorschein, auf dem zu lesen ist:

„Mit dem Ertönen des Alarms bleiben Ihnen noch zehn Minuten Zeit eine Entscheidung zu fällen. Die Öffnung der Irisblende ist so eingestellt, dass Ihr Sohn mühelos bekleidet in das andere Zimmer gelangen kann, was jedoch danach einen Mechanismus in Gang setzt, der die Blende für immer schließt.

Wenn Sie es jedoch vorziehen selbst durch die Blende zu schlüpfen, dann müssen Sie sich bis auf die Haut ausziehen, dann auf das Eisenblech stellen, das dafür sorgt, dass der Wäscheschacht aufgeht. Wenn Sie nun Ihre komplette Kleidung hineingeworfen haben und die unter dem Eisenblech befindliche Waage das korrekte Differenzgewicht ermittelt hat, öffnet sich die Irisblende soweit, dass sie durchschlüpfen können. Auch bei Ihnen gilt die Regel, dass sich die Blende danach für immer schließen wird nachdem sie durchgegangen sind.

Sie müssen nun, bevor der zehnminütige Countdown vorbei ist, einen Schalter betätigen, sonst werden beide Räume durch die Rohre mit Wasser bis zur Decke geflutet.

Ein Schalter sorgt dafür, dass die beiden Stahltüren kurz aufgehen und Sie und ihr Sohn nach draußen in die Freiheit und die eiskalte Winterlandschaft gelangen können. Dort wird nach zwei Stunden ein Taxi ankommen, das sie mit in die vierzig Kilometer entfernte Zivilisation nimmt.

Ein weiterer Schalter flutet den Raum mit den Schaltern und öffnet in dem anderen Raum dessen

Türe nach draußen. Auch hier wird nach zwei Stunden ein Taxi ankommen.

Der übrig gebliebene Schalter flutet alle beiden Räume.

Sobald ein Schalter betätigt wurde, verriegeln die anderen."

Viel Spaß mit dem Dilemma…

Meine Beziehung zu Anna wurde immer extremer, so wurde ich auf der einen Seite idealisiert, um im nächsten Moment abgewertet zu werden. Immer suchte ich die Ursachen ihres Verhaltens bei mir und fühlte mich ständig schuldig. Bis zu dem Moment, als ich während der Suche in ihrer Seele mich selbst fand und ein von mir veränderter Aphorismus Nietzsches die Irrfahrt beendete:

-Wenn du nur lange genug in den Abgrund blickst und dem Abgrund erlaubst, in dich selbst zu schauen, dann weicht dort unten der Dunkelheit das Licht und dann siehst du selbst, dass du nicht das Ungeheuer bist gegen welches du kämpfst! -

Sie war meine Isolde, ich wollte jedoch nicht mehr ihr Tristan sein und ich hatte schon gar keine Lust beim Finale mitzuwirken.

Nun ist es an der Zeit über Ahab und Moby-Dick zu sprechen.

Der Leser kann, wenn er mag, gedanklich die Rolle von Ahab mit Isolde und Moby-Dick mit Tristan vertauschen und wird dadurch feststellen, dass der Kern beider Geschichten derselbe ist.

Die emotional instabile Persönlichkeitsstörung

Die zentrale Frage in „Moby Dick" ist für mich die Ursache für das manipulative Verhalten Ahabs, die Mannschaft gegen jede Vernunft und trotz des Widerstands zu Genossen zu machen, zu finden. Der beindruckendste Moment in der Novelle ist, der gleichzeitig den „Point of no return" darstellt, die Erzeugung einer Phantasmagorie durch Ahab, der lediglich sein physikalisches Wissen und damit das Elmsfeuer ausnutzt, um die Mannschaft dadurch in ein Delirium zu versetzen.

Als Ergebnis verschmelzen Ahab, die Mannschaft und das Schiff bei dem darauffolgenden Blutritual zu einem Wesen das einem Willen gehorcht.

Es entsteht der Leviathan, denn nur so hat Ahab eine ebenbürtige Chance den Leviathan Moby-Dick zu besiegen.

Es ist unstrittig, dass die Deutungen des Stückes häufig in Richtung Gesellschaftsmodell rund um das Walfangschiff Pequod, gehen!

Otto F. Kernberg [28]benutzt es unter anderem zur Erklärung des Borderline Narzissmus. Dort möchte ich ansetzen. Wobei ich das Augenmerk auf Schuldgefühle, Scham, das Trauma und das alles verbindende allmächtige Objekt des Subjekts lenken will.

Schauen wir uns das Schiff genauer an, so fällt auf,

---

[28] Für den Überblick
http://www.klett-cotta.de/autor/Otto F. Kernberg/37 (14.03.2011)

dass viele Dinge aus Walfischknochen und Walelfenbein gefertigt wurden. Also soll dies eine skizzenhafte Darstellung eines Walkörpers symbolisieren. Sozusagen ein künstlich geschaffener Wal, besser eine künstlich geschaffene Welt und Realität.

Die Mannschaft bekam Leistungslohn, ähnlich wie bei den Piraten des 17. und 18. Jahrhundert, als einen vorher festgesetzten bestimmten prozentualen Anteil des Erlöses an der Beute nach Einlaufen und Verkauf des Öls. Dies ist von extremer moralischer Bedeutung. Sozusagen die Beute als kleinster gemeinsamer Nenner des Glücks aller.

Dem moralischen Zustand der Crew auf hoher See gilt das ständige Augenmerk des Kapitäns. Der beeinflusst damit direkt die Disziplin, Gehorsamkeit, Ausdauer, Loyalität und die Leistung der Besatzung, denn diese war oft monatelang auf hoher See und auf Gedeih und Verderb aufeinander angewiesen.

Um die Motivation zu beeinflussen kann ein Kapitän sie Auspeitschen lassen, Rum verteilen, Charisma oder besonderes Jagdglück haben.

Ahab hat ALLES und auch NICHTS von dem zu bieten. Sein Schnaps dient als Abendmahl für seine mit der Harpune bewaffneten Jünger. Man fürchtet ihn auch ohne eine am Gürtel befestigte Peitsche. Das Charisma ist das eines sonderbar schwarz gekleideten, hypnotisierenden, psychopathischen Magiers und ein übermenschliches Jagdglück könnte er durch das allumfassende Wissen durch die sich in seinem Besitz befindliche Walweltkarte haben. Doch was ist das Glück der Anderen einem Narzissten wert?

Er bestimmt das Wann und auch die Dosis.

Aber warum sind er und meine Bekannte so geworden?

Schauen wir uns die Prophezeiung des Elias nach dem Anheuern an:

[...] *"seine Mutter ihn bei der Geburt verflucht hat, eh sie starb, dass Gott ihn mit einem Blitzschlag gezeichnet hat"*[...]

[...] *"er in Rio in der Kirche auf den Altar gespuckt hat"*[...]

[...] *"da werdet ihr auf See Land riechen wo kein Land ist"*[...][29]

Deutung: Grundvorrausetzung für die Entstehung der emotional instabilen Persönlichkeitsstörung ist die Vernachlässigung des Kindes in dessen ersten 36 Lebensmonaten durch die Mutter. Anna wurde nach ihrer Geburt stark vernachlässigt, da die Mutter durch die Geburt erkrankte. Dann als Sündenbock für die aus der Krankheit entstandenen Deformationen gehasst und wie der Käpt'n von ihr verflucht.

Seine histrionische Persönlichkeitsstörung hervorgerufen von dem Vater (*Gott*) im 7. bis 10. Lebensjahr, der ihm eine Narbe in Blitzform auf dem Gesicht hinterließ. Er hat ihn nach dem Tod der Mutter wohl mit Missbrauch großgezogen. Auch Anne hat eine Narbe auf ihrer Stirn. Hervorgerufen durch eine Verletzung, die bei einem Autounfall durch den betrunkenen Vater verursacht wurde.

Sein schiziothypischer Anteil (Beziehungsideen, magisches Denken) wurde durch Mobbing und

---

[29] Fußnote 1. S.7

Missbrauch in der Jugend verursacht. Er hat mit der Gesellschaft und deren Gemeinschaft gebrochen […]*auf den Altar gespuckt*[…]

Die Sünde und die Scham spielen danach eine maßgebliche Rolle. Sie sind Teil des verdrängten und nicht verarbeiteten Traumas.

Er hasst den Menschen und die Gesellschaft, dadurch sich selbst und er schuf durch die zwanghafte Suche nach ihnen eine sich selbst verstärkende Endlosschleife. Er weiß tief im Unterbewusstsein ohne Zweifel, dass er sündigt, durch das Brechen des obersten Gebots der Seefahrt, die Hilfe für die Seenotrettung zu verweigern oder die Versündigung gegenüber der Natur durch das Verludern lassen der erlegten Wale. Doch hat er die Verantwortung für sein Handeln längst auf Moby-Dick übertragen und seine damit einhergehenden Schuld- und Schamgefühle, die ja durch das erfahrene Leid in seiner Kindheit und Jugend eigentlich die antizipierten Gefühle des Missbrauchenden sind, auf die Mannschaft und das Schiff verteilt.

Hier im doppelten Sinne, denn sein Bein blieb bei dem weißen Wal und seine jetzige Prothese wurde aus dem Kiefer eines anderen verhassten Pottwals gefertigt und bleibt seitdem das sichtbare Zeichen für seine Verletzung durch das Trauma.

Bildlich wird dies, wenn man es mit einer Eidechse vergleicht, die zum Überleben ihren Schwanz abwirft. Sie opfert ihn trotz der Tatsache, hinterher verkrüppelt zu sein und bei dem Werben um einen Sexualpartner benachteiligt zu sein.

Denn das nachgewachsene Gewebe wird niemals wieder die Vollkommenheit des ursprünglichen Schwanzes haben, jedoch ist sie dadurch diesmal mit dem Leben davongekommen.

So schafft es die menschliche Psyche bei extremer Belastung sich aufzulösen und damit einen Teil bei der Ursache der Extremsituation zu lassen. Ist diese belastende verheerende Situation vorüber, beginnt sie mit der Heilung. Die Ereignisse kehren über Flashbacks scheibchenweise in die Erinnerung zurück und können so langsam verarbeitet werden.

Beim Borderliner hingegen waren es unzählige solcher Ereignisse, die zudem noch in der Kindheitsphase stattfanden.

Er hatte nie die Gelegenheit, seine Seele zu heilen, seine Seele befindet sich immer noch in dem Alarmzustand, als könnte er in jeden Moment missbraucht werden. Das Phänomen nennt man dissoziativen Zustand. Das ist die Möglichkeit des Geistes, seinen Körper zu verlassen, dieses kann er nun bei jeder alltäglichen Belastung anwenden. Das verursachende Trauma selbst ist nur unbewusst vorhanden, kann aber in dem Zustand der Dissoziation sichtbar werden. Er ist sozusagen eine Eidechse, die monatelang täglich das bisschen nachwachsende Gewebe geopfert hat und schließlich dadurch an einer nichtheilenden chronischen Entzündung leidet.

Diese Entzündung kann durch ein MRT des Gehirns neurologisch sichtbar gemacht werden. Die Betroffenen haben einen veränderten Mandelkern (Amygdala). Dort sitzt beim Menschen das Gefühlsgedächtnis.

Aus dem Blickwinkel der Psychologie ist das Walfischbein eine aus dem Trauma entstandene Neurose. Sie spiegelt sich in der realen Welt des psychisch Kranken durch selbstverletzendes Verhalten oder einer Essstörung wieder.[30]

So ist, die durch Fehlernährung (Binge-Essen*), das tagelange Einhalten des Stuhlgangs und das dadurch irreversibel geschädigte Verdauungssystem meiner Freundin, neben dem zwanghaftem Ausdrücken von Mitessern (skinpicking*1) ihr Walfischbein. Die Essstörung und ihre chronische Akne ist sozusagen die nach außen sichtbare Schuld und Scham und wird von ihr zumindest als solche verstanden!

Der Kranke hat kein Verständnis für die richtige Distanz gegenüber Mitmenschen. Er benutzt sie wie eine weiße Leinwand, als Projektionsfläche. Er braucht sie, um sich ständig dadurch für sich selbst Bestätigung zu holen. Das Ziel ist die Verschmelzung und vollkommene Symbiose mit dem Mitmenschen.

Dann einen Augenblick später schnürt ihn dessen Nähe ein und das Gegenüber beginnt vielleicht, nicht so wie gewollt zu reagieren. Also wird es von ihm, im schlimmsten Fall bis zu dessen Zerstörung, abgewertet. Er distanziert sich dann von ihm. Zurück bleiben eine in Fetzen hängende unbrauchbare Leinwand und ein sich leer fühlender Kranker.

---

[30] Vgl.
http://www.borderline-plattform.de/news/1/177-schmerz-daempft-bei-borderline-patienten-das-gefuehlszentrum (14.03.2011)

Entweder gelingt es der Leinwand, also dem Zerstörtem, sich zu flicken, also sich so wie gewollt zu ändern oder es muss ein neuer frischer Mensch her. Dann kann das Spiel von neuem beginnen.

Im Verlauf der Reise der Pequod werden wir Zeuge dieser Annäherung.

Anfangs hört und sieht man Ahab nicht, dann hört man nachts seine Schritte auf Deck bis zum bekannten Ende.

Das Gegenüber hat nur eine Chance sich zu entziehen: Sofort nach dem Zusammentreffen zu fliehen und das Ereignis zu vergessen.

Heuert er jedoch bei ihm an, beginnt ein Spiel aus Manipulationen, Lügen, Intrigen, falschen Feinden und falschen Freunden (die Mannschaft). Es wird eine neue Realität (das Schiff) für ihn erschaffen.

Ahab versucht krampfhaft, das allmächtige Objekt zu finden und zu jagen, also zu dem Ort und oder dem Verursacher des Traumata selbst zurückzukehren.

Dazu muss er mit der Besatzung eben die Symbiose eingehen. Er verschmilzt mit ihr und dem Schiff, nicht um sie alle mit in den Tod zu nehmen. Sein Tod ist als tragischer Unfall zu deuten. Sondern er missbraucht sie, um ihre traumatisierten Ich-Anteile als Moby-Dick abzuspalten und deren Gesunde in sich aufzunehmen. Nur so fühlt er sich einen kurzen Augenblick komplett und ist in der Lage, gegen das nun sichtbar gewordene Verbrechen unter Umständen bis zum Tode zu kämpfen.

Leider in der Wirklichkeit auch ein möglicher Ausgang.

Wobei es sich bei dem weißen Wal primär fast ausschließlich um eine nahe stehende, für die Entwicklung des abzugrenzenden „Ich's" des Betroffenen notwendigen Menschen handelt, der immer wieder aufs Neue versucht, von ihm umklammert zu werden.

Sekundär jedoch auch, um als das Echo der Person sich in Form eines nach einem starken Trigger dazu modulierten Symbionten manifestieren kann.

Während der Verschmelzung wird der Crew durch den Kapitän eine wahnhafte Störung induziert. Das heißt, ab diesem Moment ist auch diese erkrankt. Erkrankt am Wahnsinn. Das Land riechen, also eine olfaktorische Halluzination, wird häufig von Patienten bei Beginn des Verlaufs einer wahnhaften Störung berichtet. Sie riechen dann häufig erdiges und fauliges!

Der Wahn hat seinen Höhepunkt erreicht, als nach dem ersten Tod des Protagonisten sein Steuermann und sein „Gewissen" Starbuck, sein Wahnsystem adaptiert und damit das Schicksal besiegelt.

In diesem Moment kettet er alles an seinen toten Kapitän, der nun selbst sichtbar den Wal umklammert und noch mal „winkt". Das Bein, sein Körper, die Mannschaft, das Schiff wird mit dem nun sichtbaren und verdrängten Trauma verschmolzen.

In der Zeitung liest man dann: psychisch kranke Mutter (37) verletzt ihren Ehemann (41) mit Weinflasche schwer am Schädel, erstickt dann ihre Tochter Joane (4) mit einem Kissen und darauf tötet sie ihre Söhne Tim (10) und Max (12) mit einem Elektroheizlüfter in der

Badewanne, um sich dann mit einem noch unbekannten Gift selbst zu töten.

Der Ehemann konnte zwar nach circa drei Stunden nach dem Massaker die Einsatzkräfte alarmieren, die jedoch trotz aller erforderlichen Maßnahmen nur noch den unter Schock stehenden Mann retten konnten. Nach den vorläufigen Angaben der Polizei kam es zum Streit der beiden Eheleute nachdem der Mann sich nach seiner Aussage nach vielen schmerzhaften Ehejahren und vergeblichen Therapieversuchen nun endgültig von seiner Frau trennen und die zwei Söhne mitnehmen wollte. Die Nachbarn beschreiben sie als eine lebenslustige, temperamentvolle, häufig schwarz gekleidete, attraktive Frau und liebende Mutter, die sich aber in den letzten Jahren mit ihrer Familie immer mehr abkapselte...[31]

Zuletzt geht noch der Walfänger unter und mit ihm alles Gute und alles Schlechte.

Alles? Nicht alles!

„*Nennt mich Ismael*",[32][ein Abenteurer, ein Überlebender und einen Kenner einer Verfilmung, einer der grandiosesten literarischen Leistungen des 19.Jahrhunderts ...

– Moby-Dick –]

*Binge Essen: Essen bis nichts mehr geht, abgelöst

---

[31] Frei erfundene Geschichte vom Autor
[32] Herman Melville, Moby Dick

von Phasen tagelangen Hungerns.

Bei meiner Kranken entstand diese Neurose ab dem vierten Lebensjahr am Sonntags Mittagstisch.

Dort saß dann ihr Vater, der seine Söhne lobte, sie könnten essen wie Scheunendrescher. Um wenigstens von ihrem Vater Anerkennung zu bekommen, machte sie es ihren Brüdern nach.

*1 skinpicking: durch zwanghaftes Aus- und Aufdrücken von Pickeln entsteht eine nichtheilende Akne im Gesicht, Brust- und Rückenbereich. Diese Neurose hat zwei Gründe und Ursachen zugleich. Erstens bringt sie durch den Schmerz schnelle Erleichterung. Man fühlt sich wieder und zweitens macht sie einen fürs andere Geschlecht unattraktiv. Es wird zu einer Schutzfunktion, um weiterem sexuellen Missbrauch zu entgehen.

Der Urphilosoph

Diese Seiten sind mein Geschenk. Längst verloren geglaubtes Wissen darf ans Tageslicht zurück.

Immer wieder zerbrechen sich allerlei Gelehrte den Kopf darüber, warum vor 32.000 Jahren der Homo Sapiens quasi zeitgleich ohne kulturellen Austausch und durch Ozeane getrennt, seine Höhlen mit Malereien schmückte. Und den Malereien sind zwei Themen gemein, steinzeitliche Beutetiere und Handabdrücke, wie wir sie alle im Kindergarten gemacht haben. Und außerhalb der Höhlen ähnliches in Form von Steinritzungen.

Der steinzeitliche Jäger verdient in meinen Augen die Bezeichnung Urphilosoph. Er erschuf mit seinen philosophischen Erkenntnissen die Grundlage zur Neolithischen Revolution.

Er erkannte, dass sich seine besitzlose Gesellschaft aus dreierlei Typen von Menschen zusammensetzte. Den Frauen, den Jagdhelfern, und dem Jäger. Eine hierarchielose aber feste Rollenverteilung, die aber zu Notzeiten, also dem Tod des Jägers, kurzzeitig aufgelöst werden musste. Auf diese Weise entstand eine Klassengesellschaft der Vernunft. Die Vernunft, dass nur gemeinsam eine Chance zum Überleben gegeben war.

Ich lehne mich mal weit aus dem Fenster und stelle die These auf, dass der steinzeitliche Jäger der Begründer der Philosophie ist und seine Gesellschaft insgesamt sehr hoch entwickelt war.

Gesellschaftskundler werden jetzt wahrscheinlich beide Hände über dem Kopf zusammenschlagen und argumentieren, dass in der steinzeitliche Sippe das Faustrecht galt und der Sohn irgendwann seinen Vater tötete, um sich mit allen Weibern der Sippe paaren zu können.

Ich bin überzeugt, dass der Mensch von Geburt an gut ist. Nur die Familie und die Gesellschaft könnten aus ihm einen schlechten Menschen machen. Und zu Beginn der Neolithischen Revolution ist sie als gesellschaftliche Hochkultur zu sehen, braucht keine sichtbaren Sanktionen und der Anführer der Sippe ist Jäger und durch die Malerei wurde er zum empirisch philosophierenden Künstler, der seinem Volk sogar temporäre Selbstständigkeit zutraut.

Schaut man sich die Malereien genauer an, dann

erkennt man, dass die Jagdszenen modernen Pikto-
grammen ähneln und sie dadurch zur ersten univer-
sellen Schrift werden.

Und solche oder ähnliche Denkprozesse führten dann
zum aufgeklärten Jäger:

„Außerhalb der Höhle wird es abwechselnd hell
und dunkel. Die Sonne sorgt für die Helligkeit. Den
Zustand nenne ich Tag. Manchmal kann man an einem Tag sehr weit wandern, Beute machen und sie
sogar noch zurück zur Höhle schaffen. An diesen
Tagen ist es auch sehr warm und die Beute zahlreich.
So wärmt die Sonne nicht nur uns, sondern auch
unsere Umgebung außerhalb der Höhle. Sie scheint
auch unserer Beute das Leben zu geben, denn die wird
mit jedem weiteren warmen Tag größer und zahlrei-
cher.

So ist die Sonne die Quelle unseres Lebens. Doch
im Moment, wenn der Tag nie zu enden scheint, beginnt er weniger zu werden und überlässt die Umgebung der Dunkelheit. Den Zustand nenne ich Nacht.
In der Nacht glänzt eine andere Sonne. Sie spendet ein
bisschen Licht, an dem man sich nicht wärmen kann.
Dann sind da noch viele kleine Sonnen, die sich auch
bewegen. Nur ein Licht in der Mitte bewegt sich nie.

Dann wird es Zeit sich auf den großen Hunger
vorzubereiten und einen Vorrat an Beute anzulegen.
Dadurch kann sie in der dunkeln Höhle zu unserer
Sonne werden. Die Dunkelheit bringt den großen
Schmerz mit. Der Schmerz kann fast alles außerhalb
der Höhle in den Stein verwandeln. Doch wenn die
Nacht niemals zu enden scheint, beginnt sie weniger

zu werden. Mein Urgroßvater hat den großen Schmerz und die reiche Beute viele Male erlebt. Einen Zyklus nenne ich das Jahr.

Doch jeder Tag im Jahr ist verschieden, mal fällt Wasser vom Himmel, manchmal mehr als wir brauchen, manchmal viel zu wenig. Unsere Beute wandert dahin wo das Wasser und die warme Sonne den Stein in Gras verwandeln, so ist außer dem Wasser und der Sonne auch das Gras für unser Überleben wichtig.

So schafft das Wasser und die Sonne unserer Umgebung außerhalb der Höhle immer wieder aufs Neue zu verändern. Die Veränderung ist unser Leben und unser Tod zugleich. So wird uns bewusst, wie vergänglich wir als Einzelner sind. Außerhalb unserer schützenden Höhle, die wir Jäger verlassen müssen, um die Sonne zu unserer Gesellschaft zu bringen, wo nur der unbelebte Stein überdauert, aber auch Grundlage unseres Seins, die Beute ist, die Beute ist groß, also brauchen wir Helfer.

Die Helfer müssen mit Bedacht eingesetzt werden, sie sehen zwar aus wie ich, aber sie können den Geist der Beute in unserer Höhle nicht sehen. Aber gerade das macht sie für unsere Gesellschaft so wichtig, denn es erhält sie gesund, deswegen sollen sie sich ein Weib aus unserer Bande erwählen und Nachkommen zeugen. Wir selbst müssen unsere Frau mit Bedacht auswählen. Die perfekte Braut für uns ist die Tochter eines Jägers vom Nachbarstamm.

Also bieten wir eine unserer Frauen zum Tausch an. Unsere Mütter sind die sichtbare Zukunft. Mit ihrem Tod stirbt alle Hoffnung, denn nur sie erschaffen neues Leben und umsorgen es aufopferungsvoll. Unsere Höhlen entlang des Grases müssen wir ebenso mit Bedacht auswählen und auch wiederfinden, denn die nähere und sichere Umgebung ist entscheidend für die Sicherheit unserer Kinder.

Unsere Großväter sind unsere Vergangenheit und unsere Zukunft zugleich.

Aber was wird aus meiner geliebten Gesellschaft wenn ich sterbe und damit vielleicht auch die Zukunft meines Stammes   mit mir.

Ich vereinfache meine Erkenntnisse und gebe diese an meine Brüder und Schwester weiter und mit etwas Glück wird mein Enkel da wo ich aufgehört habe, anfangen können.

Ich rufe meine Sippe zusammen und mische aus dem kalten leblosen roten Gesteinsmehl, dem Blut der Gesellschaft und dem Fett unserer Beute eine Farbe und schaffe ein Abbild unserer Beute in unserer Höhle. Diese unsere Beute vereint uns alle und macht uns glücklich, und solange wir Beute haben, wird sich daran auch nichts ändern. Nun lasset uns die Höhle verlassen und das Abbild unseres Glücks an die Außenwand malen.

Auch wenn wir als Einzelner vergänglich sind, so vergänglich wie die Farbe unserer Beute außerhalb der Höhle, so bleibt doch immer noch das Abbild der Beute, durch die Sicherheit der Höhle geschützt, erhalten .Die Sicherheit der Höhle vereinigt uns zu einem Individuum und macht uns gleich. An den Eingängen unserer Höhle müssen wir tiefe Spuren hinterlassen, dann werden wir sie wiederfinden.

Euch Helfern habe ich gelehrt zu jagen, wenn ich nicht mehr bin, müsst ihr selbstständig handeln bis ein neuer Jäger kommt. Die Hand unterscheidet uns vom Tier und macht uns wiederum alle gleich. Wir müssen diese Hand nur im Sinne unserer Beute benutzen. Als Zeichen nehmt nun alle eure Hände und taucht sie in die Farbe und als Schwur, diese Hände in der Zukunft nur so zu benutzen, dass sie uns Beute schenken, also hinterlassen wir zum Schwur unsere Handabdrücke an der Felswand in unserer Höhle."

Die Höhle als Umklammerung der Gesellschaft und der Beute. Und das Verlassen der Umklammerung, um Beute zu machen.

Die Höhlenmalereien benutzt die Kunst als Universalsprache. Dadurch wird aus ihr die Verfassung der neolithischen Sippe. Das Gebot der Vernunft. Durch transzendentale Urteilsfindung und die daraus folgende Vereinfachung auf die Vernunft, also das Glück (Beute = Überleben) als alles vereinende Basis. Die Freiheit des Handelns im Rahmen des Gesellschaftsvertrages des Abbilds in der Höhle als Folge der Erkenntnisse der ersten Philosophen.

Betrachten wir, um den Wissenstand des Jägers zu beschreiben, die Zeit kurz nach der Verwandlung in eine Agrargesellschaft:

Er kannte die Gesetzte der Ökologie, das Ökosystem (Wahl des Ortes seiner Siedlung).

Er war der erste Verhaltensforscher (Jagd, Viehhaltung, Wildhundzähmung und der erste Beiz eines Vogels).

Er konnte Lebensmittel haltbar machen (Anbau von

Getreide, Viehzucht).

Er kannte die Mendelsche Regeln der Vererbungs-
lehre(Zucht und Auslese).

Er hatte Grundkenntnisse in der Astronomie und
kannte neben der Winter- und Sommersonnenwende
die Grundlagen zur Ermittlung, die für den Ackerbau
wichtige Tag- und Nachtgleiche im Frühjahr.

Die drei Klassengesellschaft

Die prärevolutionäre Gemeinschaft bestand aus
drei genetisch verschiedenen Menschen, was eine
natürliche Arbeitsteilung in der Sippe zur Folge hatte,
nämlich den Frauen, dem Jagdhelfer und dem Jäger.

Der Jäger hat eine aktivierte natürliche Chromo-
somenanomalie auf dem X-Chromosom, welches ein
hochsensitives Nervensystem und die Hirndominanz
der rechten Hirnhälfte zur Folge hat. Es kommt zu
dem Phänomen des räumlich-visuellen Denkens.
Diese Kombination ist die Voraussetzung, um erfolgreich Jagen zu können. Vereinfacht gesagt, nur
wer sich vorstellen kann wie seine Beute auf gewisse
externe Reize reagieren wird, kann ihr einen Schritt
voraus sein. Zu neudeutsch, Du kannst es Dir vorstellen, dann kannst Du es auch bauen! Also das
Denken in vier Dimensionen und die Fähigkeit sich in
etwas geistig hineinzuversetzen. Letzteres nennt man
auch zukunftsorientiertes Handeln und Empathie.

Die wichtigste Erkenntnis und Grundvoraussetzung
für die Neolithische Revolution war also das Wissen,
dass es durch die sogenannte Rückkreuzung, also der
Inzucht mit den eigenen Töchtern, gewisse Merkmale
schon in der ersten Generation zum Tragen kamen,

nämlich sein Merkmal des Jägers. Er wusste auch, im Falle der Zeugungsunfähigkeit, dass ein Jagdhelfer mit einer seiner Schwester ebenfalls zufällig einen Jäger zeugen konnte. Das Merkmal also dominant-rezessiv im Weibe schlummert. Ihm fiel aber sicherlich sehr schnell auf, dass durch Rückkreuzung die Wahrscheinlichkeit für schwere genetische Defekte zunahm und es zu Missbildungen kam. Also tauschten die verschiedenen Stämme Frauen untereinander aus und verboten gleichzeitig inzestuöse Beziehungen.

Der Mensch wird zum Schöpfer und zum Herrscher über die Natur:

Ausgehend von dieser Erkenntnis erschuf der Jäger nicht nur sich, sondern auch den Dinkel, Emmer, Weizen, Hausschweine, Schafe, Hühner, Kühe, Jagdhund, denn nur auf diese Weise konnte er in tausend Jahren das schaffen, was die Evolution in Jahrmillionen vollbrachte.

Übrigens, die Frau wurde in diesem Sozialverband wie ein höheres Wesen verehrt. Die ersten steinzeitlichen Götter waren alle weiblich. Die höchste Göttin war die Fruchtbarkeitsgöttin.

Vom Jäger zum Nomade:

Doch nun wieder zurück zu unserem Urphilosophen.

Der Beginn der Neolithischen Revolution, die eher eine Evolution war, war auch das vorläufige Ende der ersten Verfassung. Das Abbild der Beute wandelte sich in den ersten Besitz um. Der Auerochse wurde zu einem domestizierten Rindvieh. Das gelang durch die Überwindung des Beutetriebes. Die durch die Jagd verwaisten Kälber wurden nicht mehr getötet, sondern gezähmt. Sie konnten dann dadurch bis zum Winter haltbar gemacht werden.

Jetzt ist es an der Zeit, uns Jägern ein Geschenk zu machen. Der Wildhund war eines der ersten Tiere das der Jäger zähmte. Er wurde zu einem wunderbaren Jagdhelfer. Er spürte das Wild auf, stellte es, um es für uns Jäger zu einem leichten Ziel für unseren geschleuderten Speer zu machen. Doch der traf, so wie heute, auch nicht immer das Blatt. Und so entstand das erste Nachsuchengespann. Doch im Frühsommer war die Nachsuche mit einem Hund sehr schwierig und häufig ohne Erfolg. Bis vor circa 20.000 Jahren war Eurasien eine große Tundra. In dem lichten Wald dominierte die Birke als Baumart. Es gab viele Sträucher und Heckengehölze. Der Boden war ein riesiger zusammenhängender Teppich aus Moosen, die vereinzelt mit Gräsern durchwachsen waren. Nach der Schmelze verwandelte sich der Teppich in einen riesigen Schwamm auf dem man zwar gerade noch laufen konnte, aber auch gleichzeitig bis zu den Knöcheln im Wasser stand.

Eine Nachsuche wurde dann zur Glücksache.

Der Rabe

Der Kolkrabe wird in der Mythologie vieler Kulturen verehrt. Für die Eskimos ist er gar zu deren Schöpfer aufgestiegen. Der höchste nordische Gott Wotan wird auch Herr der Raben genannt, weil er auf der Welt umherwandert und die Zwischenwelt in einer Rabengestalt besuchen kann.

In unserer jüngeren Kulturgeschichte wurde er zum

Symbol des Aasfressers und des Galgenvogels.

Durch das Zusammensetzen von uralten und neuen Puzzlesteinen bin ich zu folgender These gekommen: Für den Jäger der Steinzeit wurde er zum ersten Beizvogel und wurde ebenso von ihnen als Jagdhelfer geschätzt wie der Hund.

Im Frühjahr, um die Tag- und Nachtgleiche herum, kam es in der Tundra zu einem sich immer wieder wiederholenden Phänomen. Da wo die Kolkraben umher flogen, waren auch die Herden von Auerochsen. Für die Kolkraben beginnt mit dem Setzen der neuen Kälber eine Zeit des Überflusses. Überall liegen nahrhafte Nachgeburten herum. Dann gibt es Fehlgeburten, nicht überlebensfähige Kälber aber auch Alttiere, die manchmal auch bei noch lebendigem Leibe nicht verschmäht werden. Der Vogel scheint den siebten Sinn dafür zu haben, welches Leben dem sicheren Tod geweiht ist. Verhaltensforscher haben erst kürzlich Freilandstudien [33] abgeschlossen, die die Begründung für das Verhalten geben.

Sie suchen, nachdem sich ihre dem Aussterben geweihte Population, in Deutschland wieder erholen konnte, im Frühjahr bevorzugt Viehherden auf. Dort

---

[33] A. Brehme, D. Wallschläger und T. Langgemach: Kolkraben und die Freilandhaltung von Weidetieren – Untersuchungen aus dem Land Brandenburg. In: Die Rabenvögel im Visier. Veröffentlichung des Ökologischen Jagdvereins ÖJV, Rothenburg o. d. Tauber, 2001, S. 19–32.

ernähren sie sich von Futterresten, Dung und den Nachgeburten. Gleichzeitig wird von ihnen jedes Tier begutachtet. Sie hacken mit ihrem Schnabel behutsam auf das Tier ein. Sobald das Vieh eine geringe natürliche Abwehrreaktion zeigt, ist ihre Untersuchung bei diesem Tier beendet und wird nunmehr nicht mehr behackt. Das Tier erleidet dabei keinerlei Verletzungen.

Wird bei ihrer Untersuchung festgestellt, dass die Gegenreaktion unnatürlich ist oder gar ausbleibt, wird aus dem zarten Hacken ein in das Fleisch schlagendes hauen. Ihr Festmahl kann beginnen.

Sie sind also nichts weiter als ein Veterinär, der kranke Stücke von der Herde trennt und zum Abdecker bringt. Auf diese Weise bleibt die Herde gesund und gleichzeitig wird die Entstehung von Seuchen vermieden.

Ihre dritte Gabe ist, in einer atemberaubenden Schnelligkeit Fallwild aus der Luft aufzuspüren. Die Grundvoraussetzung dafür ist ein nur lichter Baumbestand des Biotops.

Aus dem Nest gefallene Jungvögel lassen sich ausgezeichnet mit der Hand aufziehen. Der Kolkrabe ist wie alle Rabenvögel sehr gelehrig und leicht zu dressieren.

Der Urphilosoph nutzte ihn anfangs zum Auffinden seiner Beute. Er war sicherlich nach einem langen Winter auch nicht wählerisch.

Später beizte er diesen Vogel. Seine erste Aufgabe wird wohl gewesen sein, festzustellen, ob der krankgeschossene Auerochse noch wehrhaft war.

Die sumpfige Tundra war dann auch die Entstehung

eines neuen Nachsuchengespann bestehend aus dem Jäger und seinem Schweißraben.

Nun kehre ich zu dem zahmen Kalb zurück, was man für den harten Winter in Reserve hielt.

Aus einem Kalb wurde mit der Zeit eine Herde. Die Gesellschaft der Vernunft entwickelte sich zu einem Vieh haltenden Nomaden. Der Rabe wurde nun wieder als Veterinär eingesetzt. Was zur Folge hatte, dass aus der eisernen Reserve eine Milchkuh wurde, die man als lebensspendende Göttin verehrte und auf keinen Fall schlachtete.

In allen eurasischen Kulturen, von Portugal bis in den Orient, findet man Spuren dieser Vergötterung. Die Hindus verehren sie auch heute noch als heilige Kuh, die man nicht schlachtet. In Ägypten entstand der Apis-Kult. Als Moses sein Volk zurückließ, um die Zehn Gebote zu empfangen, verfiel es in eine Hysterie und huldigte wieder dem goldene Kalb.

In den Alpenländern wird der Almabtrieb noch heute gefeiert, wobei die Kühe wunderschön geschmückt werden.

Das war nun der vorläufige Untergang der Drei-klassengesellschaft, wobei nicht Gott Adam und Eva aus dem Paradies geworfen hat, sondern der Schöpfer seine Schuldigkeit getan hatte und ging. Er zog sich zurück und wurde zum Bespiel Schamane, den man um Rat fragen konnte. Ein anderer wurde zum um-herstreifenden Wolf, vielleicht mit der Hoffnung von einer neuen Gesellschaft aufgenommen zu werden, die ihn noch brauchte.

Vom Nomade zum Landwirt:

Unser Urphilosoph dachte, analysierte, kombinierte und erkannten die Lösung für die noch offenen Fragen, um den letzten Schritt zur Agrargesellschaft machen zu können. Dabei nutzte er wieder seinen schöpferischen Verstand. Doch dieses Mal waren dabei keine schnellen Reflexe wie für die Jagd mehr nötig. Nur durch seine Vorstellungskraft wurde er zum ersten Landwirt.

Dem Landwirt wird die sogenannte Bauernschläue nachgesagt. Ich selbst kenne einen besonderen Landwirt schon über zwanzig Jahre. In der Schule hat er die Fehler der Lehrer berichtigt. Dann wurde er ausgegrenzt, so konnte er sich zu einem Freigeist und Querdenker entwickeln. Es ist eine wahre Freude mit ihm über gesellschaftliche Probleme zu philosophieren. Er gerät dabei immer in Rage, was unnötig ist, denn er liefert bei seinen aufgestellten Thesen gleich eine schlüssige Begründung mit. Warum?

Weil er ein Denker ist und der Denker für sich selbst denkt und deshalb niemanden zum Vordenken braucht, seine Thesen durch ihn selbst begründet werden und dadurch zu einer Einheit werden, die wie eine steinerne Säule von Nichtdenkern nur schwer umzuwerfen ist. Nach der Schule ist er dann seiner Berufung gefolgt, wurde Landwirt und ein Dilettant der Philosophie.

Nun werde ich das letzte Geheimnis lüften. Um zur Agrargesellschaft zu werden, wurden aus den Befruchtern der Kühe, also den Stieren, kastrierte Ochsen. Also gutmütige Tiere, die man vor den Pflug spannen konnte und so die Landwirtschaft wirtschaftlich machte.

Wie viel Empathie für den Ochsen bei der Entstehung dieser letzten Erkenntnis bei dem Urphilosophen nötig waren, kann ich nur ahnen.

Letztlich war dies der Beginn und die Entstehung einer neuen Dreiklassengesellschaft.

Aus dem Jäger wurde ein Bauer, der Helfer verdingte sich fortan als Knecht und aus der Vieh besitzenden Nomadin wurde eine reine Magd. *

Meine hier aufgestellten Thesen stehen auf einem soliden Fundament. Der wichtigste Schritt, um das verloren geglaubte Wissen wieder an das Tageslicht zu holen, war meine Erkenntnis, dass die steinzeitlichen Höhlenmalereien mehr als nur künstlerischer Zeitvertreib waren. Und sie auch nicht als Anleitung zur Jagd zu sehen sind. Und vielmehr als nur zur religiösen Verehrung der Beute dienten.

Sie sind das erste Zeugnis für die Verschmelzung der Dreifaltigkeit in der Menschengeschichte. Der Beweis dafür ist, dass das Werkzeug der transzendentalen Philosophie Kants schon immer da war. Die Philosophie selbst aber von der Metaphysik der jeweiligen Epoche beeinflusst wird und sich dabei immer neu erfindet.

Längst verlorengeglaubtes, uraltes Wissen

Die Brücke und damit der Beweis für den Wahrheitsgehalt meiner Analyse, war eine Ameise, die seit 1.600 Jahren von den Deutern einer Mystik am liebsten unter den Tisch gekehrt worden wäre. Deuter die seit Jahrhunderten die falsche Perspektive gewählt hatten und damit zur Blockade wurden.

Doch ein Dilettant wie ich, wurde niemals in seinem Weg zur Philosophie durch den Lehrstuhl beeinflusst. Bei mir entsteht erst der Gedanke, dann das System. Das System hat in der Regel noch keinen Namen, weil es ein Bild ist. In den in Frage kommenden wissenschaftlichen Fachbereichen suche ich dann nach etwas Ähnlichem. Manchmal werde ich fündig, manchmal auch nicht. Also gebe ich ihm dann einen Arbeitstitel wie zum Beispiel „der Urphilosoph".

Ich habe in der Philosophie eigentlich nur ein Schriftstück ganz gelesen und verinnerlicht. Platons Höhlengleichnis.

Für das nun von mir vorgestellte Gebilde des Urphilosophen gibt es schon einen Namen.

Es musste nur umgedeutet werden. Und die Umdeutung erfolgte ohne den geringsten Widerstand, die Puzzleteile fügten sich in vollkommener Harmonie zusammen, die Ameise wurden von ihm aufgesogen und schmierte das System noch zusätzlich, anstatt es wie ein Fels zu blockieren.

Auch den Raben, den Hund, die Schlange, der Skorpion mussten nicht mehr am Nachthimmel ihr zweckentfremdetes Dasein ertragen, sie durften auf die Erde zurückkehren.

Mithra

Das System ist die Wiederentdeckung des noch bis in das 4. Jahrhundert von den Römern praktizierten Geheimbundes des Mithraismus. Eine ethische Lehre, um zu einem besseren Menschen zu werden.

Es war ein Geheimbund, der von den aufgenommenen Mitgliedern Stillschweigen gegenüber Außenstehenden verlangte. Es existieren zwar noch Kult-stätten in Felsenhöhlen mit Ikonographen und Male-reien der Lehre, aber eben sonst nichts.

So beschränkte sich das Wissen auf die Deutungen dieser Figuren und Symbole. Die Deutungen selbst wurden durch die extreme Astronomielastigkeit und den daraus folgenden zusätzlichen Druck aus Rich-tung der unsinnigen Pseudowissenschaft Astrologie dann durch sich selbst gehemmt.

Die Astronomie dieses Kultes waren lediglich längst bekannte Grundlagen, wie zum Beispiel Tag und Nacht, Sonne Mond und Sterne. Die größte dieser Grundlagen war die Erkenntnis, anhand des Polar-sterns ein Bezugssystem zur Bestimmung der Tag-und Nachtgleiche zu erzeugen. Mehr nicht. Mehr war auch nicht nötig.

Außer man unterstellt dem Urphilosophen des Nachts gewandert zu sein oder dem Ackerbau, die Folge des weltweiten Seehandels zu sein. Doch es geht noch schlimmer, man macht ihn zum Begründer der Ast-rologie.

Mithras wurde von einer Jungfrau, in einer Höhle, in der Zeit um die Wintersonnenwende, zur Welt gebracht.

Dies stellt einen Versuch dar, dass Henne-Ei Pa-radoxon zu erklären.

Er wird dargestellt mit einer phrygischen Mütze, die aus dem Leder von dem Hodensack des Stieres her-gestellt wurde. Sie ist das Sinnbild für den schöpferi-schen Verstand.

Um die Mütze ist die Aura der Sonne sichtbar. Ihm

wird nachgesagt, die Sonne besiegt zu haben. Die Sonne wurde als Schöpfer alles Seins verehrt.

Sein Umhang war eine rote Tunika auf deren Innenseite ein Sternenhimmel dargestellt war. Was so viel bedeutet wie, die rote helle Sonne ist der Deckmantel der Nacht. Mit anderen Worten: der Nachthimmel ist zwar auch am Tag vorhanden, doch das Helle alles überstrahlende Licht des Sonne macht ihn für die Augen unsichtbar, aber in unserem Geist kann er dann sichtbar gemacht werden.

Er brauchte nichts weiter zu tun, als von einer Höhle deren Ausgang in Richtung des Polarsterns zeigte, zur Erkenntnis kommen, dass er von ihr aus niemals weder einen Sonnenauf-, noch einen Sonnenuntergang sehen konnte. Dann eine Höhle, in deren Eingang den ganzen Tag das Licht fiel, machte es unmöglich nachts den Polarstern und einen Sonnenauf- und Sonnenuntergang zu sehen.

Das war die Entdeckung der Nord-Süd-Achse und der Eklipse Osten und Westen. Die reinen Sonnen auf- und Sonnenuntergangspunkte zur Tag- und Nachtgleiche waren dann schnell auf ähnliche Weise entdeckt.

Was zur Folge hatte, dass man die Nord-Süd-Achse an jedem beliebigen Ort bei sternenklarer Nacht ermitteln konnte.

Das Kreuz der Kelten, Ankh Knoten, Kreuz Christi:

Durch die Transformation in das rechtwinklige und achsensymmetrische Kreuz am Tage wurde es nun überall auf der nördlichen Hemisphäre möglich,

163

die Tag- und Nachtgleiche zu bestimmen. Die in der Szene gezeigten Fackelträger symbolisierten den Sonnenaufgang und Sonnenuntergang zur Tag- und Nachtgleiche. Gleichzeitig symbolisierten sie auch die Fähigkeit Feuer zu machen.

In seinen Händen hält er die Axt und den Speer. Der Speer symbolisiert den Jäger, die Axt wurde zum Hauptwerkzeug des Ackerbauern. Er wird häufig auf einem Streitwagen dargestellt, der von weißen Pferden gezogen wurde. Die weißen Pferde sind der Polarstern, der Streitwagen ist der kleine Wagen.

Rechts und links der Deichsel stehen die Fackelträger. Auf seiner Schulter sitzt ein Kolkrabe und neben ihm steht ein Hund. Ich denke, das erklärt sich von selbst.

Die szenische Darstellung von Mithras und dessen Attributen ist die Metapher für den Urphilosophen, der in seine Metaphysik eingebettet ist.

Vom Jäger über die Nomadin zum Ackerbauern:

Das Zentrum des Mithras-Kults ist die Tauroktonie. Mithras kehrt in seine Höhle zurück, auf seinen Schultern trägt er einen lebenden Stier. Dann zieht er los, um die Sonne zu besiegen. Als er die Sonne besiegt hat, wird ein Rabe zu ihm geschickt, der ihm mitteilt, dass der Stier aus der Höhle entflohen ist. Er fängt ihn also ein zweites Mal ein und bringt ihn zurück zur Höhle. Nun stößt er ihm einen Dolch hinter das Blatt. Der sterbende Stier lockt nun die Schlange, die Ameise und den Skorpion an. Die Ameise und die Schlange trinken nun aus der blutenden Wunde. Der Skorpion jedoch frisst an seinen Genitalien. Im Moment als der Stier stirbt, verwandelt er sich in Hühner, Schweine, Kühe, Weizen usw.

Die Tauroktonie erzählt in wenigen Sätzen die Kernaussagen meiner Thesen.

Zuerst wird die Beute in die Höhle gebracht, um Leben zu geben, dann wird durch die Flucht des Stiers aus dem Höhlenbewohner ein Nomade, zum Schluss wird aus dem Stier der Ochse, also das Werkzeug für die Agrargesellschaft, die völlig neue Pflanzen und Tiere hervorbrachte. Mithras besiegte die Sonne und damit die Schöpfung, weil er selbst zum Schöpfer dieser neuen Pflanzen und Tiere wurde.

Die Urgesellschaft bestand aus drei Klassen, den Frauen (die Schlange), dem Jagdhelfer (die Ameise) und dem Jäger (der Skorpion).

Manchmal wird auch noch ein anderes Wesen in dem Kult gezeigt:

Ein Mensch mit einem Löwenkopf, der von einer Schlange umschlungen wird, was wiederum die drei Klassen verkörpert und gleichzeitig der Ansatz für die Lösung des Rätsels der Sphinx bedeutet.

Die Messe:

Als Kultgegenstand des Geheimbundes wurde ein Becher benutzt. Ich kann mir vorstellen, was die Angehörigen daraus getrunken haben. Eine große Gruppe dieser Angehörigen waren römische Legionäre, deren Fahne mit einem Skorpion geschmückt war. Die Angehörigen wurden in Grade unterteilt. Wobei sie den Zweck hatten, sich von den irdischen Ketten zu lösen und zum Myste zu werden.

Also einen Weg zur Erleuchtung darstellten. Der

unterste Grad war der Kolkrabe, der höchste Grad, war der siebte Grad, der des Vaters, mit den Insignien der heutigen Bischöfe. Die Mithra, der Sichel und dem Stab. Ein Grad, der ihn mit dem Schöpfer gleich stellte.

Es gibt sicherlich noch jede Menge offener Fragen, doch das Gerüst der Mithras-Philosophie steht nun auf einem neuen guten Fundament.

Ein Dank an die Deuter.

Falsche Deutungen sind besser als Nichts. Denn irren ist vollkommen menschlich und ist durch den augenscheinlichen Rückschritt, trotzdem ein Fortschritt. Nichts bedeutet Stillstand …

* Maria (die reine Magd)

Das Ende der Neandertaler

Vor ca. 20.000 Jahren veränderte sich das Klima auf der Erde drastisch. Eine für das Jungpleistozän ungewöhnlich lange Kaltphase ging in eine ebenso ungewöhnlich lange Warmphase über, die gleichzeitig den Übergang in das neuzeitliche Holozän markierte, was bis heute durch ein warmes Erdklima gekennzeichnet ist.

Dieses löste jedoch auf der nördlichen Hemisphäre ein Aussterben vieler Arten aus. So starben zwischen 20.000 und 12.500 BC alle Landtiere mit einem Körpergewicht über 1000 kg und ca. 80 % der damaligen Lebewesen über 100 kg Lebendgewicht aus. Allen voran das Mammut aber auch das Wollnashorn und der Riesenhirsch überlebten den Klimaumschwung nicht.

Doch schon tausende Jahre vorher, während dieser letzten langen Kaltperiode im Jungpleistozän starben drei bemerkenswerte Spezies aus, die eines gemeinsam hatten, sie verbrachten die Winter in Höhlen. Gemeint sind die eurasische Säbelzahnkatze (Homotherium), nachdem sie ihre afrikanischen Brüder immerhin um 500.000 Jahre überleben konnte, der Höhlenbär und der Neandertaler.

Vom Pleistozän zum Holozän:

Schaut man sich den durchschnittlichen Temperaturverlauf der Zeit zwischen 100.000 bis 24.000 BC [34] fällt auf, dass es im Wechsel von einigen tausend Jahren immer von der Warmphase zur Kaltphase eine Temperaturdifferenz von ca. 15 ° Kelvin gab und die Kaltphase vor 24.000 Jahren zwar lange andauerte, aber letztlich nicht zu der kältesten Periode dieser Zeit wurde. Also warum starben diese, auf die rauen Bedingungen Nordeuropas im Pleistozän, angepassten Arten in dieser Kaltphase aus, während das eigentliche Massenaussterben erst mit dem Beginn des Holozäns viele tausend Jahre später begann?

Meine Erklärung für das Aussterben des Riesenhirschs und deren pflanzenfressende Genossen ist einfach und schlüssig:

Vor 24.000 Jahren war der eisfreie Teil von Nordeuropa eine Tundra, wie sie noch heute in Alaska südlich der Brook-Range existiert. Im Winter

---

[34] Vgl. TU-Berlin Institut für Ökologie
http://lv-twk.oekosys.tu-berlin.de/projec
t/lv-twk/002-klimavariationen.htm
(14.03.2011)

herrschten sibirische Temperaturen und die Sommer waren verhältnismäßig mild. Durch den Temperaturanstieg verwandelte sich diese langsam in eine Waldlandschaft. Nachdem dann aber der übliche Wechsel in die Kaltphase und damit der Rückverwandlung zur Tundra ausblieb, konnte sich aus dem Wald ein dichter Dschungel entwickeln.

Dieser dichte Urwald wurde dann diesen steinzeitlichen Riesen zum Verhängnis. Das beste Beispiel ist auch hier der Riesenhirsch, dessen Körpergewicht 1,4 to. betrug und ein Geweih von fast 4 Meter Spannweite schob. Vereinfacht gesagt, diese Tiere passten nicht mehr durch den Wald.

Doch warum verschwand der Neandertaler gerade in dieser Kaltphase?

Er war ein sehr kräftig gebauter Hominide mit einem kompakten, der kalten Witterung angepassten, Körperbau. Seine Nahrung bestand zu 98 % aus Fleisch, das er mit Steinmessern zerteilte und roh verzehrte. Wissenschaftler nehmen an, dass seine Magensäure etwa die gleiche Zusammensetzung wie ein Hundemagen hatte. Schaut man sich seine Werkzeuge genauer an, ist man über seine handwerklichen Fähigkeiten erstaunt. Er benutzte vielerlei Werkzeuge, nähte die erbeuteten Felle mit einer Nadel aus Knochen und einer Sehne zusammen. Er stellte messerscharfe Speerspitzen aus Obsidian her, die er in einen Stab aus poliertem Hartholz schäftete. Mit dieser 2 m langen geschleuderten Waffe konnte er sogar ein Mammut töten.

Doch seine Hauptbeute in der warmen Jahreszeit

waren wohl die in Rudel lebenden mittelgroße Säuger, wie beispielsweise die dort vorkommenden Wildpferde.

Der Neandertaler war überdies ein geschickter Fallensteller. War er zu sehr auf seine Beute angepasst und musste in den kalten Wintern den Hungertod sterben?

Ich glaube an dem Mangel an Großsäugern wird es nicht gelegen haben. Um die Überlebendstrategien seiner Beute im Großwildsektor zu verstehen, bediene ich mich eines Vergleiches mit einem der letzten noch lebenden Vertreter dieser großen Pflanzenfressern, dem bis zu 800 kg schweren Alaska Yukon Elch. Ihn platziere ich in dem nun folgenden Gedankenspiel zusammen mit den Säbelzahnkatzen und dem Höhlenbären in die Tundra des Pleistozäns. Diese beiden Arten sind deshalb interessant, weil sie schon tausende von Jahren vor den ersten Hominiden Eurasien besiedelten und sich das Großwild dem Jagdverhalten dieser Räuber anpassen konnte.

Das Elchwild lebt als Einzelgänger. Nur zur Paarungszeit duldet das weibliche Tier den Hirsch in ihrer Nähe. Um ihre Körper mit Energie zu versorgen brauchen diese Wiederkäuer in der kargen Tundra Streifgebiete mit einer Fläche von ungefähr 1000 ha. Sie ernähren sich von frischen Trieben der vorkommenden Wasserpflanzen, Laub von Heckengehölzen und allerlei Kräutern. Im Winter werden gerne Weichhölzer, wie die Birke und Pappel, geschält und teilweise auch ganz gefressen.

Ein gesundes ausgewachsenes Tier hat eigentlich

keine natürlichen Fressfeinde.

Im Frühjahr, nachdem das Weibchen ein Junges gesetzt hat, entwickelt sich zwischen den Beiden eine sehr enge Mutter Kind Beziehung. Danach wird das Kalb nun für fast ein Jahr beschützt und gehegt, denn es diente dem eiszeitlichem Bär und dem Homotherium als Beute. Trifft die Kleinfamilie dann einmal auf einen hungrigen Petz, beginnt das Muttertier mit ihrem instinktiven Verwirrspiel. So besteht ihre Taktik aus einem Wechsel von Weglocken vom Nachwuchs und das sich dem Bär stellen. Beim letzteren werden auch die mächtigen vorderen Schalen geschickt zum Einsatz gebracht. Beim Anblick des Schauspiels, hat man dann keine Zweifel mehr, dass laut Statistik jährlich mehr Menschen in Nordamerika Opfer einer Elchattacke werden, als durch die Angriffe von Bären.

In etwa so haben sich die vor 20.000 Jahren ausgestorben großen Schalenwildarten auch verhalten. Sie brauchten große Biotope, waren Einzelgänger, hatten eine starke Bindung zum Nachwuchs, und ihr Hauptfeind war der Säbelzahntiger. Diese in Eurasien etwa löwengroße Katze hatte zwei lange und spitze Fangzähne, die einen ovalen Querschnitt aufwiesen. Ihr Körper war sehr kompakt, fast froschähnlich, und genauso stark waren auch ihre Hinterläufe. Sie hatte viele Rezeptoren im Zungen- und Gaumenbereich, so konnte sie, ohne ihre lebenswichtige Waffe zu beschädigen, das Fleisch der erlegten Tiere vom Knochen schälen.

In einer Höhle in Florida haben Forscher das Skelett des größten Vertreters dieser Gattung, den Smilodon gefunden. Er war nicht nur der Größte seiner Art, sondern konnte seinen eurasischen Bruder noch über 10.000 Jahre überleben. Die gefundenen Knochen wiesen verheilte schwere Frakturen auf und so nahmen die Wissenschaftler an, dass er mit Beutetieren kämpfte, die sehr groß und wehrhaft waren. Die Heilung der Verletzungen überzeugte die Paläontologen davon, dass sie sich im Sozialverband lebend gegenseitig halfen.

Ich hingegen bin der festen Überzeugung, dass es Einzelgänger waren und ihre Lebensweise dem des Luchses sehr ähnlich war. Denn auch diese Urzeitkatze wies einen für Einzelgänger typischen Stummelschwanz auf. Die Löwen beispielsweise benötigen aus bionischer Sicht keinen Schwanz mehr. Trotzdem wurde er von der Evolution nicht wegrationalisiert. Er dient bei den im Sozialverband lebenden Großkatzen als wichtigstes Hilfsmittel zur Kommunikation.

Der Gepard hingegen benötigt ihn noch aus bionischer Sicht vor allen Dingen für den schnellen Kurvenlauf. Aber auch zum Balancieren, um die erlegte Beute auf eine Baumkrone zu ziehen und damit vor den Dieben am Boden zu sichern.

Jetzt wird auch klar, warum die Säbelzahnkatzen zuerst in Afrika ausstarben. Sie hatten keine, als Einzelgänger überlebensnotwendige Möglichkeit mehr, ihre überdimensionale Beute vor dem Zugriff der Löwen, Hyänen und Wildhunde zu schützen.

Und so wird die Jagdtechnik der Säbelzähne gewesen sein. Sie nutzten den Hinterhalt. Eine sehr beliebte Ansitzposition war sicherlich ein Felsvorsprung in der Nähe ihrer Höhle. Für ihren Angriff hatten sie nur einen Versuch. Sobald der Überraschungsmoment verloren gegangen war, hatten sie keine Chance mehr nahe genug heran zu kommen um eine zweite Attacke wagen zu können. Näherte sich nun ein Riesenelch mit Kalb, auf Sprungentfernung, sprang diese Katze auf seine Beute, hielt sich kurz mit seinen Vorderpranken fest, um im gleichen Moment, wie ein eine Robbe angreifender weißer Hai, seiner Beute mit seinen Fangzähnen am Hals schwere Verletzungen zu zufügen. Dann wurde zum Rückzug geblasen, um dem wütenden Muttertier auszuweichen. Nachdem sich die Wogen wieder geglättet hatten, vollendete sie ihr Werk und zog ihre Beute in die Sicherheit ihrer Höhle.

Im Spätherbst nutzten sie die Unterkunft dann auch noch als Falle. Sie lauerten wie ein Ameisenlöwe in ihrem Bau, bis ein Wintergast sich in ihrer Wohnung umsah. Ein in diese Falle getappter riesiger Höhlenbär brachte sie dann, durch die große Menge an Fleisch, durch den ganzen Winter. Das war entscheidend, weil sie keine Winterruhe hielt und fressen mussten. Ich bin mir sicher, dass der amerikanische Smilodon sich in der kalten Jahreszeit von den 6 m hohen Riesenfaultieren ernährte.

Wurde er nun bei seiner Attacke von seiner sich in der Agonie befindenden Beute verletzt, dann konnte er von dem vor seiner Nase liegenden Fleischberg sein Überleben sichern und seine dabei entstandenen Verletzungen mit vollem Magen über den Winter hin ausheilen. Doch mit dem Verschwinden dieser riesigen Nagetiere starb nun auch noch 10.000 BC der letzte Vertreter der Säbelzähne aus. So war sicherlich das Aussterben des Höhlenbären der Grund für das Ende der Ära der Säbelzahnkatzen in Eurasien. Das gleiche Schicksal ereilte aber auch den in Rudeln jagenden Neandertaler, den man auch mit dem in Alaska lebenden und äußerst erfolgreich jagenden Timberwolf, vergleichen könnte.

Für seine Speere war das sich stellende Großwild eine leichte Beute. Am dringendsten brauchte er das Großwild im Spätherbst. Dann grub er auf den Wildwechsel südwärts Fallgruben für seine riesige Beute. Dieser Fleischberg war auch notwendig, um mit seiner Sippe über den Winter zu kommen. Da er ein reiner Fleischfresser war, nutzte ihm ein Wintervorrat an Pflanzen auch nichts.

Die europäischen in Rudeln lebenden Wildarten, hatten den ersten Hominiden gegenüber keine Scheu, so wird er sie in der warmen Jahreszeit erfolgreich bejagt haben, doch der eisige Winter schränkte seinen Radius erheblich ein.

Doch wie überlebte der moderne Mensch diese harten Winter?

Seine Hauptbeute waren die in Herden lebenden Rinder. Er war auf die Jagd dieser in Herden lebenden Tiere spezialisiert. Er benutzte den Raben, den Wildhund und Stammesbrüder als Jagdhelfer. Sobald die Kälber von der Milch ihrer Muttertiere unabhängig wurden, begann man sie im Sommer gezielt von der Herde zu trennen. Man versorgte die genügsamen Tiere mit allem Notwendigen und konnte sie im

Winter als Mastkälber schlachten. Außerdem legte man Wurzeln, Zwiebeln, Grassamen und Früchte als vitaminreichen Wintervorrat an. So konnten sie, im Gegensatz zu ihren Verwandten, in ihrer warmen Höhle gut genährt überwintern.

Und wenn man noch um den Umstand weiß, dass der Neandertaler eine Art Bärenkult betrieb, werden meine Thesen noch glaubhafter. Also war der Höhlenbär, in der Phase kurz vor seinem Verschwinden, seine sichere Beute für den Winter. Im Grunde ein Rettungsanker, falls er bei anderen Großwildarten am Ende der Saison kein Jagdglück gehabt hätte. Er kannte mehrere Höhlen, die er im jährlichen Wechsel immer im Spätherbst aufsuchte. Der dort in der Winterruhe befindliche Bär wurde im Schlaf gemeuchelt und war sozusagen sein Vieh. Letztlich starben der Bär, die Säbelzahnkatze und der Neandertaler durch ihre enge Beziehung zueinander zeitgleich aus.

Der Drache

In vielen Kulturen gibt es Legenden über Drachen. Sie tauchen aus dem Nichts auf und fallen über ihre Opfer her. Ihr Maul ist voller langer Zähne. Sie halten sich bevorzugt in Höhlen auf, aus denen ein fürchterlicher Gestank kommt. Vor den Eingängen dieser Höhlen liegen die Waffen und Knochen der todesmutigen Helden die mit ihnen kämpfen wollten, um an ihren Goldschatz in der Höhle zu gelangen. Da der Säbelzahntiger viele tausend Jahre zusammen mit dem modernen Menschen lebte, war er sicherlich deren Urdrache.

Odin

Oder Wotan war der höchste Gott der Germanen. Er wird von zwei Raben und zwei Wölfen begleitet. Er ist mit einem Speer bewaffnet, auf dem die von ihm geschlossenen Verträge eingeritzt worden sind. Das Wort Mithra bedeutet in das Deutsche übersetzt: Der Vertrag.

Grandl

>So suchte der grausame Bergtroll, der Sage nach wie im Blutrausch das Nachtlager der Menschen heim, nachdem diese die Wintersonnenwende mit einem Ochsen am Spieß und reichlich Met gefeiert hatten.

In der darauffolgenden Nacht wird dann wieder laut gefeiert und wieder erscheint dieser erneut. Doch diesmal wird er am weiteren Morden gehindert, weil das Lager von Beowulf bewacht wurde, der ihn in dem dann folgenden Zweikampf schwer verletzen konnte.

Der blutende Grandl flieht anschließend zu seiner Mutter in deren Höhle, wo er dann von dem ihn verfolgenden Beowulf getötet wird. <[35]

Mit dem toten Troll im Arm klagt die Meerhexe Beowulf an. Sie entschuldigt das Verhalten des Trolls damit, dass dieser in den Winternächten durch die lauten Stimmen aufgeweckt würde. Das Lachen der Menschen würde ihm Schmerzen bereiten und seine Ohren zum Bluten bringen. Seit seiner Geburt würden die Menschen ihn hetzen und verfolgen. Nur bei ihr in der Höhle fühle er sich noch sicher. Er wollte nichts

---

[35] Die Legende von Beowulf,Neil Gaiman, Roger Avary, USA 2007,Warner Bros.

weiter als in Ruhe schlafen. Danach wird sie ebenso wie ihr Sohn von Beowulf getötet. In den nordischen Sagen ist häufig von den Bergtrollen die Rede. Da der moderne Mensch sicher Kontakt zu den Neandertalern hatte, war wohl dieser der Ursprung dieser Sage.

Winterruhe?

So starben der Bär, die Säbelzahnkatze und der Neandertaler zeitgleich aus.

Doch es gab noch jede Menge Mammuts und der Riesenhirsch äste noch einige tausend Jahre nach dem Frühmensch in Eurasien. War es doch die Konkurrenz zum Homo Sapiens, was den Untergang für ihn bedeutete?

Die Geschichte von Beowulf und Grandl war meine Motivation noch mehr in das Detail gehen zu wollen.

Ein Psychologe würde bei Grandl eine autistische Störung mit paranoid schizophrener Komorbität diagnostizieren. Dieser Satz ist der Kern um das Verschwinden des Neandertalers noch genauer erklären zu können.

Für meine weitere Analyse benutzte ich diesmal eine Quelle:

Das deutsche Ärzteblatt vom 7.Mai.2010, Der Neandertaler und menschliche Gendefekte [36]

Dadurch bin ich zu spektakulären Erkenntnissen über die evolutionäre Entwicklung dieses Hominiden

---

[36]

http://www.aerzteblatt.de/v4/news/news.asp?id=41149 (14.03.2011) gekommen. Sie ist so derartig aufregend und neu, dass sie alles was ich bisher entdeckt habe in den Schatten gestellt hat.

Sie begann vor 160.000 tausend Jahren in Afrika mit dem Homo Sapiens Archaisch. Dieser dunkelhäutige Hominide hatte ein Gehirnvolumen von ca. 1200 cbcm, war 1,60 groß bis zu 80 kg schwer.

Er lebte im Sozialverbund der drei Klassengesellschaft, konnte sich verbal verständigen, war handwerklich geschickt und stellte Speere mit bearbeitetem Feuerstein her. War in der Lage Kleidung anzufertigen, kochte seine Lebensmittel, die auch mal vegetarisch sein konnten. Seine toten Kameraden wurden bestattet. Philosophisch gesehen waren diese Hominiden ein Mensch wie du und ich.

Von dieser Population breitete sich der Mensch über die ganze Welt aus, denn in Afrika wurde es langsam eng. Als Jäger musste er seine Beute dort noch mit vielen anderen Fleischfressern teilen.

Eines hatten die meisten afrikanischen Säugetiere dieser Zeit gemeinsam, sie schlossen sich in Sozialverbänden zusammen.

Doch es gab auch Ausnahmen, so jagte der Gepard weiterhin allein. Das gelang ihm, weil er zu einem Spezialisten geworden war. Er konnte durch kurze Sprints jede Antilope einholen, schlagen und vor allem nach der erfolgreichen Jagd seine Beute vor dem Zugriff von Mitessern in Sicherheit bringen.

Bei den Pflanzenfressern blieb das Nashorn der spezialisierte Einzelgänger. Es ist verhältnismäßig groß, mit einer Waffe aus Horn ausgerüstet und seine

Haut ist hart wie Stahl.

Der Homo Sapiens war durch seinen schöpferischen Geist in der Lage, zukunftsorientiert zu handeln und so jedes Tier zu seiner Beute zu machen. So war es ihm als einzigem Jäger möglich die riesigen Elefanten in Fallen und Hinterhalte zu locken.

Eine weitere im Sozialverband jagende Spezies ist der heute fast ausgestorbene afrikanische Wildhund.

Auch er ist ein Schlüssel zum Neandertalerproblem.

Es ist ein mittelgroßer etwa 20 kg schwerer Hund, der in einem Rudel von 7-15 Tieren zusammenlebt. Das Zusammenleben ist sehr harmonisch und Rangkämpfe finden selten statt. Angeführt wird das Rudel vom Alpha Paar und nur der Nachwuchs der Alpha Hündin wird aufgezogen. Sie wirft zwischen 7-10 Welpen die sie säugt. Bei der Aufzucht helfen alle mit. Das Rudel besteht in der Regel nur aus Männchen, welche alle untereinander blutsverwandt sind. Die Weibchen müssen es verlassen, und sich einem anderen Rudel anschließen, um selbst Junge zu bekommen. In diesem Moment gibt es dann Rangkämpfe in dem neuen Rudel. An der Jagd nehmen alle gesunden Tiere, aber auch die temporäre nichtführende Alpha Hündin teil. Ihre Hauptbeute besteht aus Antilopen. Sie sind äußerst geschickte und wendige Jäger und schaffen es fast immer ein Tier von der Herde zu trennen. Danach beginnt die Hetze, bis sich die erschöpfte Antilope stellt. Den finalen Angriff führt dann in der Regel der Alpha Rüde aus, an deren Anschluss das totgeweihte Tier bei lebendigem Leib ausgeweidet und aufgefressen wird. Auch hier gibt es keinen Futterneid. Es wird darauf geachtet, dass die Jungtiere aber auch die Kranken ihren Anteil bekommen. Sie schlingen dabei schnell große Brocken herunter, können ihre erlegte Beute aber auch gegenüber von Räubern, ausgenommen den Löwen, verteidigen. Sie haben ein festes Jagdrevier, das die enorme Größe von 500 Quadratkilometern hat. Da diese Art schon hundert- tausende von Jahren in der Savanne überleben konnte, scheint diese Populationsdichte die ideale Räuber-Beute Beziehung zu sein.

Ich bin zu der Erkenntnis gekommen, dass das in Nordeuropa lebende Gegenstück zum Wildhund der Neandertaler war.

Die eisige Kälte Europas hat aus dem ehemaligen Menschen wieder ein Tier und aus seiner Sippe wieder ein Rudel gemacht.

Der Beweis liegt in seinen Genen. Wäre da nicht sein spezifisches Ypsilon Chromosom, wäre der Neandertaler tatsächlich nur eine spezielle Variante des Homo Sapiens. Doch auch sein artspezifisches männliches Geschlechtschromosom ist nur ein weiterer Beweis für meine Hypothese. Denn die nordeuropäische Natur hatte im Verlauf der Evolution, aus der ursprünglichen drei Klassengesellschaft, die Arbeitsteilung wieder entfernt. Übrig geblieben ist eine zwei Klassengesellschaft in der als Unterscheidungsmerkmal, zwischen den 2 Klassen, nur noch das Gebären und Stillen des Nachwuchses übrig geblieben war.

Wenn eine rangniedere Frau eigenen Nachwuchs wollte, musste sie sich, wie der Wildhund, eine neue

Sippe suchen. Der Beweis dafür liefert wiederum die Genanalyse einzelner Sippen, bei der alle männlichen Mitglieder blutsverwandt waren und nur das weibliche Mitglied keinerlei Verwandtschaftsverhältnisse aufwies.

So müsste sich die Evolution vom Homo Sapiens zum Homo Neandertaliensis zugetragen haben:

Vor 140.000 Jahren begann eine lange Warmzeit. Es wurde in Europa subtropisch warm, und es entstanden große Waldflächen mit Eichen und Walnussbäumen. Durch das milde Klima, und der artenreichen Fauna, herrschte wohl eine Zeit des Überflusses. Es gab den Riesenelch, Riesenhirsch und die in Herden lebende Wildpferde. Das gefährlichste Raubtier war das Homotherium.

Der Höhlenbär stellte wohl keine ernste Bedrohung dar und war sicherlich auch kein direkter Nahrungskonkurrent. So bestanden wohl der größte Teil der Nahrung dieses Allesfressers aus pflanzlicher Kost und seine tierische Beute aus Meeresfrüchten, kranken Tieren und Aas.

Die üppige Vegetation lockte dann noch Zuwanderer an. Die meisten zogen den Winter wieder Richtung Süden. Doch das Mammut, der Bison und das Waldnashorn blieben dann ganzjährig.

Für die nun schon zu den Homo neanderthalensis zählenden Hominiden muss es die ersten 10.000 Jahre ein Paradies gewesen sein. Die dort lebenden Pferde und Rentiere zeigten keinerlei Scheu bei dem Kontakt zu ihm, denn die Säbelzahnkatze ernährte sich von den nicht im Sozialverband lebenden Hirschen und

Elchen. Dann ist es nicht mehr verwunderlich, dass man durch Ausgrabungen dem Neandertaler ein großes jagdliches Können attestieren konnte.

Seine Art breitete sich sicherlich schnell aus, bis aus dem Paradies ein Gefängnis wurde, das ihn bis zu seinem Ende, vor 24.000 Jahren, wieder zu einem Tier werden ließ.

Die in Europa überwinterten Pflanzenfresser konnten die grausamen Winter durch die Winterruhe und den Winterschlaf überstehen. So ist das heimische Rotwild in der Lage bei tiefem Frost, ihr Blut im Körperkern zu belassen, gleichzeitig sinkt ihr gesamter Metabolismus und damit auch die Körpertemperatur um mehrere Grad ab. In diesem Zustand bewegen sie sich nicht, was nochmals Energie einspart. Bei Gefahr fahren sie blitzartig ihren Stoffwechsel hoch und flüchten.

Der Höhlenbär machte es in seinem Winterquartier ähnlich, wobei er seine Körpertemperatur nicht im gleichen Maße absinken lies und mehrmals am Tag aufwachte.

Der Säbelzahntiger überwinterte ebenfalls in der immer gleich temperierten 6 ° C warmen Höhle, die er auch als Falle benutzt und hauptsächlich durch das fettreiche Fleisch des Höhlenbären am Leben erhalten wurde. Diese Annahme wird auf Grund meiner Hypothese der amerikanischen Räuber Beutebeziehung vom Smilodon zum Riesenfaultier untermauert.

Der Neandertaler nutzte im Herbst sein Können im Fallen stellen und lebte bis vor ca. 100.000 wie ich es bis hierhin beschrieben habe. Er hatte bis dahin den ganzen Kontinent besiedelt. Es mag damals 50.000 von ihm gegeben haben, bis dann das abrupte Ende der Warmzeit die Durchschnittstemperaturen innerhalb weniger Jahre um 15° C sinken ließ.

Die Vegetation veränderte sich und jeder überlebte Winter war ein Wunder. Die Populationsdichte nahm rapide ab und seine Streifgebiete wurden größer. Einige tausend Jahre später begann wieder eine neue Warmzeit, die jedoch nach weiteren tausend Jahren wieder zu einer Kaltzeit wurde. Die Vegetation wechselte dabei von Wald zur Tundra und umgekehrt.

Das bedeutet, der Neandertaler konnte nicht leben und nicht sterben und bei jedem Wechsel fand eine natürliche Auslese statt, die aus dem durch seine kognitiven Fähigkeiten prädestinierten Generalisten immer mehr einen Spezialisten werden ließ. Als es dann vor 30.000 Jahren klimatisch wieder zu einer Kaltzeit wechselte, die 10.000 Jahre andauern sollte, war er derart spezialisiert und eben dadurch nicht mehr zu höheren kognitiven Handlungen fähig, dass eine kleinste Veränderung seiner ökologischen Nische zu seinem Todesurteil wurde.

Dem Höhlenbär erging es ähnlich. Dies lässt sich an Hand eines Vergleichs mit dem vor dem Aussterben bedrohten Polarbären aufzeigen. Der Eisbär ist mit seinen Brüdern im Süden, also den Grizzlys, so nahe verwandt, dass sich beide Arten vermischen könnten. Jedoch hat er sich auf die im Packeis lebenden Robben spezialisiert. Weil es nun in den letzten Jahren im Sommer im Durschnitt wärmer wird und die Packeisgrenze dadurch immer weiter nach Norden verlagert wird, werden seine Jagdreviere immer kleiner und überschneiden sich sogar mit dem aus Süden nachrückenden Braunbär. Er könnte theoretisch von der gleichen Nahrung wie der Braunbär leben.

Allerdings hat er es nie gelernt, wie man beispielsweise den fettreichen Lachs fängt. Er verhungert sozusagen vor einem gedeckten Tisch. So ähnlich muss es dem genügsamen Höhlenbären vor 24.000 Jahren ergangen sein. Er konnte in der kargen Umgebung, in den immer kürzer werdenden Sommern, und den fehlenden Erschließungsmöglichkeiten auf neue Nahrungsquellen, keine Reserven mehr aufbauen.

Der Neandertaler wurde zu seinem Bruder und begleitete den Bären bei seinem letzten Gang. Die Natur war bei ihren Bemühungen, den Neandertaler an die rauen Bedingungen anzupassen, gescheitert.

Selbst ihr letztes Ass, den einstigen Homo Sapiens in einen Winterruhe haltenden Säuger zu verwandeln hat nichts mehr genützt.

Der Beweis für diese absolute Höchstleistung der Evolution liefert seine Genanalyse.

Das gesamte Spektrum des menschlichen Genoms hat evolutionsbedingt viele verschiedene Gene. Eine weitere Möglichkeit zur Variation kann durch die Aktivierung und Deaktivierung von den jeweilig vorhandenen Genabschnitten erfolgen.

Weil der Neandertaler, ohne sein artspezifisches Geschlechtschromosom, nichts weiter als eine sehr enge und angepasste menschliche Rasse wäre, könnte man auf die Idee kommen, dass er sich mit dem Homo

Sapiens vermischt haben könnte.

Doch Evolution greift immer wieder auf die gleichen genetischen Tricks zurück. So passte sich die Hautfarbe ebenso schnell dem schwächeren Tageslicht an, wie es tausende von Jahren später beim Cro-Magnon wieder der Fall sein würde.

Eine weitere Genvariation, die in abgeschwächter Form auch beim Inuit vorliegt, war der froschähnliche Körperbau mit den kürzeren aber dafür kräftigeren Extremitäten. Anatomisch spricht dies schon einmal für die Hypothese der Winterruhe.

Das Gehirn, und damit der Sitz der Seele, war das größte Problem bei der Anpassung an die strengen Winter. Es verbrauchte selbst im Schlaf, durch das Träumen, noch jede Menge Energie. Für die Jagd auf die in Europa lebenden Tiere, war die Kapazität des Gehirnes vom afrikanischen Wildhund sicherlich ausreichend.

Zum Vergleich: der anteilige Verbrauch der zum Stoffwechsel nötigen Energie des Hundes schlägt sich mit 3% nieder, das menschliche Gehirn nimmt hingegen durchschnittlich 25% des Gesamtmetabolismus und vor allem energetisch aufwendig aufzuschließende Glucose in Anspruch.

In den beutereichen Sommern spielte dies keine Rolle, aber im Winter wurde es dem Gesamtorganismus, durch die metabolischen Ansprüche des menschlichen Gehirns und den kognitiven Einbußen, als Folge des Mangels an Energie in der Winterruhe, unmöglich gemacht in eben diese sein Überleben sichernde zu fallen. Er befand sich also in einer

Zwickmühle, aus der es scheinbar kein Entrinnen gab.

Außer, es wäre der Natur gelungen das Gehirn abzukoppeln, bzw. große Teile davon still zulegen.

Und genau dies hat sie mit dem Neandertaler gemacht. Die Beweise liegen in seiner Genvariation, die ich zur Vereinfachung ebenfalls als Gendefekte bezeichnen werde:

Gendefekt Chromosom 21 Alzheimer Gen

Dieses ist von allen der entscheidendste Defekt, denn es sorgt zum einen dafür, dass die Hirnrinde als Speicher des episodischen Gedächtnisses unbrauchbar gemacht wird und zum anderen, dass es durch die Bildung von Plaques zu einer Deaktivierung der Hirnfunktionen im Neocortex kommen konnte. Davon unberührt wurden die Teile des Extrapyramidalmotorischen Systems (EPS), wie die Basalganglien, in Takt gelassen.

Ein weiterer Schlüssel ist das Gen DM1, welches für die Proteinbiosynthese des Enzyms Dynamin-1 zuständig ist, welches die Cytokinese der Mitochondrien beschleunigt, die dann durch ihre größere Zahl die ATP-Synthese in den noch betriebsbereiten Nervenzellen in der Winterruhe erhöhen.

Da nun, durch das nicht vorhandene episodische Gedächtnis und die abgekoppelten Bereiche des Großhirns kein Dopamin mehr dafür benötigt wurde, konnte die Energie verschlingende Dopamin-Synthese auf ein Minimum, nur noch das EPS versorgend, heruntergefahren werden. Dies wurde extrazellulär durch das Gen NRG3 geschaffen, welches für die Phosphorylierung von Tyrosin zuständig ist.

Die Helle Pigmentierung der Haut und der Haare hatte noch einen weiteren Vorteil, denn nun stand in der Winterruhe das Melanin vermehrt dem EPS als Schutz zur Verfügung.

Der Typ 2 Diabetes Gendefekt sorgte in der Säuglingsphase noch für einen insulingesteuerten Stoffwechsel, der aber mit zunehmendem Alter immer mehr in einen leptingesteuerten Stoffwechsel umgestellt worden ist. Das wurde ebenfalls durch den gesenkten Gehirnstoffwechsel möglich gemacht, denn dieser benötigt beim Homo Sapiens einen möglichst konstanten und hohen Blutzuckerspiegel.

Leptin ist auch ein Schlüssel, denn es verändert die Zellatmung, die den Winterschlaf überhaupt erst möglich macht, und es steuert die Proteinrückgewinnung in den Nieren, was ebenfalls in dieser Phase eine große Rolle spielt.

Der Gendefekt der für den Autismus zuständig ist sorgte dafür, dass die kognitiven Aufgaben von dem Hippocampus übernommen werden konnte. Dieser ist bei Autismus Patienten vergrößert.

Die Auswirkungen der o.g. Kombination auf das Verhalten des Neandertalers waren folgende:

Das Gehirn des Neandertalers beschränkte sich nur noch auf die überlebensnotwendigsten Systeme.

Alle unnötigen Verbindungen wurden aufgelöst. Im Frühjahr wachte er, ähnlich dem Siebenschläfer auf, und musste alles was nicht richtig eingeschliffen war wieder neu erlernen.

Seine Gehirnmasse wurde aber auch im Sommer

nur im geringen Maß genutzt. Der größte Teil davon war nichts weiter mehr, als gerade noch am Leben erhaltene Zellen und Bindegewebe ohne Funktion.

Er war Altersdiabetiker, seine Diät war Fleisch, sein Stoffwechsel war auf Winterspeck und Proteine ausgelegt.

Er war ein Bewegungsseher, fand sich in seiner Umgebung sehr schnell zurecht und bewegte sich sehr aufmerksam und vorsichtig. Sein Gehör war sehr gut. Alle äußeren Reize wurden ungefiltert aufgenommen.

Sein Sprachzentrum war ebenfalls deaktiviert. Durch sein fehlendes Gedächtnis gab es für ihn nur jetzt und hier.

Er fühlte sich nicht als eigenständige Person, das sorgte für Harmonie in seiner Sippe.

Um dem Muskelschwund während der Winterruhe vorzubeugen, bekam er in dieser Phase täglich mehrere epileptische Anfälle, ohne dabei jedoch wach zu werden.

Dies alles wurde ihm durch seine ökologische Nische möglich gemacht, die durch reiche und leicht zu erlegende Beute in der warmen Jahreszeit gekennzeichnet war. Da der Jagddruck durch die geringe Anzahl von großen Beutegreifern, tausende von Jahren auf diese Weise gering blieb, konnte der Neandertaler seine Beute mit der Hand fangen.

Im Europa der letzten 140.000 Jahre, war über 100.000 Jahre der Hominide evolutionär im Vorteil, der seinen Verstand am wenigsten benutzte!

Das führte dann aber dazu, dass dieses sehr spezialisierte Lebewesen durch die geringste Störung dem

Tode geweiht war. Ich gehe auch davon aus, dass der weibliche Zyklus einen jährlichen Rhythmus hatte und der Akt nur sehr kurz war.

Es prozentual mehr männlichen Nachwuchs gab. Die gefunden Werkzeuge und Gegenständen belegen meine Thesen noch zusätzlich, denn während sich der moderne Mensch in der gleichen Periode zu einem viehhaltenden Nomaden, der zudem noch Tiere als Werkzeuge benutzte, entwickeln konnte blieb der Neandertaler auf seiner steinzeitlichen Stufe hunderttausende von Jahren stehen...

Ich weiß jetzt zwar immer noch nicht, was es bedeutet hochbegabt zu sein. Es ist am Ende meiner Reise durch mein Ich auch nicht mehr wichtig. Jedoch weiß ich, dass ich in Bildern denke und meine Natur der Jäger ist, ich niemals einsam sein kann, weil ich zumindest mit mir Selbst alleine bin und die Liebe zur Weisheit für mich dieselbe ist, wie die Liebe zum Menschen …

Epilog
Die Venediger-Mandl

in Gedenken an meinen Großvater Otto den „Großen"

Im 5. Jahrhundert vor Christus wurde in Westeuropa eine Hochkultur wiedergeboren. Sie setzte sich aus vielerlei indogermanischen Stämmen zusammen, die aus ihrer Heimat dem fruchtbaren Halbmond kamen, um neue Handelsbeziehungen aufzubauen und sich schließlich in Nordwesteuropa niederließen. Da es sich um Händler und Seefahrer aus Assyrien handelte ist anzunehmen, dass ihre ersten Siedlungen im Bereich des Rohnedeltas, nahe dem heutigen Marseille gegründet worden sind. Sie waren somit also auch die direkten Nachfahren Mithras.

Die Griechen nannten sie später allesamt Barbaren und heute fasst man sie unter dem Sammelbegriff Kelten zusammen, was so viel wie die Tapferen bedeutet.

Die Römer beschrieben sie als bis unter die Zähne bewaffnete, todesmutige, gepanzerte und mit Kriegsbemalung versehenen Söldner, dem sie als Streitgenossen Hochachtung entgegen brachten, aber noch mehr als erbarmungslosen Gegner fürchteten. Doch der größte Teil von ihnen waren handwerklich enorm geschickte Ackerbauern. So konnten sie mit Bronze, Silber, Gold und Eisen genauso gut umgehen, wie mit Glas, glasierter Keramik und Salz. Die dafür notwendigen Rohstoffe wurden mit fortschrittlichen Tage- und Bergbau Methoden gefunden und dann abgebaut. Auch die Landwirtschaft war sehr weit entwickelt, so hielten sie Pferde, Schafe, Rinder, Ziegen, Hühner und Bienen. Außer Getreide bauten sie auch Obst und Wein an.

Doch selbst das war ihnen nicht genug, denn sie waren auch Meister der Alchemie und benutzten dieses Wissen zur Veredelung von Rohstoffen. Es wurden alkoholische Getränke gekeltert, die Milch zu Käse vergoren, das Fleisch gepökelt und der Fisch gesalzen, welche man dann in selbst gebrannte Keramiken abfüllte. Um die Keramiken luft- und wasserundurchlässig, sozusagen lebensmittelecht zu machen, versah man diese mit einer allseitigen Engobe aus Braunstein. Die Öffnung wurde dann verkorkt oder mit Stoff und Bienenwachs versiegelt. Dadurch wurden die darin enthaltenen Lebensmittel haltbar und konnten so zum Wintervorrat, Reiseproviant aber auch zum Handelsgut werden.

Auch in Sachen Kleidung, der wohl eine wichtige Schlüsselrolle bei der Besiedelung des verhältnismäßig kühlen Nordwesteuropa zu fiel, waren die Kelten Pioniere. Zur ihrer Herstellung musste kein Tier mehr sterben, weil deren Hauptrohstoff aus den Haaren eines dafür speziell gezüchteten Wollschafes geschoren wurde. Die gewonnene Wolle wurde gereinigt, versponnen und mit allerlei organischen aber auch mit einigen Schwermetallsalzen gefärbt. Auch hier nutze man das uralte geheime Wissen der Zünfte.

Von einer geradezu legendären Schmiedekunst dieses Volkes künden viele Mythen und Sagen. Ob Arthurs Exkalibur, Siegmunds Notung, Brünnhildes Brünne, feingesponnene Kettenhemden mit Tarneigenschaften oder Wieland der Schmied basiert auf dieser Legende.

Durch den Binnenhandel, den Seehandel mit den Mutterkolonien, und die dadurch bestehende Verbindung mit der Seidenstraße, hatten sie dann Zugriff auf alle damals vorhandenen und erdenklichen Handelsgüter.

Da auch das Blut des Entdeckers in ihren Adern floss, breiteten sie sich durch den gekonnten Bau von hochseetauglichen Schiffen, auch auf den britischen Inseln aus. Ihr südlichstes Siedlungsgebiet war Norditalien. Es entstanden in Europa an allen größeren Flüssen neue Umschlagsplätze. Die größten damaligen Handelszentren waren wohl das heutige London, Dublin, Marseille, Antwerpen, Bordeaux, Köln, Heidelberg, Wien und Venedig.

Diese betrieben dann mit den unzähligen kleinen Dörfern des rohstoffreichen Umlands, durch den Einsatz von Packpferden, aber auch durch die Binnenschifffahrt, einen regen Warenaustausch. Ob und inwieweit sie auf ihre Kenntnisse im Wagenbau beim Transport der Ware zurückgreifen konnten, kann ich nicht sagen. Ich nehme jedoch an, dass es topographisch bedingt, nur sehr wenige natürliche Trassen in den neuen Kolonien gab und sich der Straßenbau nur in den Handelszentren selbst lohnte. So wurde sicher das ein oder andere Kontor mittels Straße an die nahen Hafenanlagen angebunden. Die Dörfer des Umlands hatten überregional eines gemeinsam, sie waren was die Grundversorgung an Lebensmitteln und von überlebenswichtigen Rohstoffen, wie Salz, Erz und Holz, betraf autark. Darüber hinaus belieferten sie die örtlichen Handelszentren mit Gütern die regional unterschiedlich waren.

Als frühzeitliche Handelswährung benutzten die Kelten das in Nordeuropa rare Gold und das ebenso seltene blaue Glas. Doch waren diese weit mehr als nur eine Währung. Sie lieferten vor allem den in den Handelszentren ansässigen Schmieden und Glasmanufakturen den Rohstoff für ihre wertvollsten Gegenstände und Schmuck.

Es ist anzunehmen, dass sich die jeweiligen Stammesfürsten dieser Zentren eben aus diesen zwei Berufsgruppen rekrutierten. Ihre einmaligen Fertigkeiten wurden von Generation zu Generation weitergegeben. Auf Dokumente und Schriftstücke verzichteten sie als Schutz vor Produktpiraterie gänzlich.

Neben dem Stammesfürsten waren die Druiden und die Barden die angesehensten Personen in der keltischen Gesellschaft. Die Barden hatten die Aufgabe das kulturelle und geschichtliche Wissen zu erhalten. Die Druiden waren die Hüter der Alchemie, der Astronomie und der Mystik, die einen sehr hohen Stellenwert gehabt haben muss. Als sichtbarer Beweis dafür sind die von ihnen hinterlassenen Hügelgräber. So wurden bei den Beerdigungen von Frauen, blaue Ketten aus Glasperlen beigelegt und die Männer erhielten ihre Waffen, sowie Gegenstände aus Gold, mit auf die Reise nach Avalon. Als Gemeinsamkeit sind bei den Bestattungen glasierte Tongefäße als Grabbeigaben zu nennen.

Ihr Handelsgebiet erstreckte sich über das der westlichen Hanse des 15 Jahrhunderts, sowie über das ganze Mittelmeer und das Schwarze Meer. Doch der Freihandel währte nicht lange, denn es begann die Expansion des römischen Imperiums.

Die Römer eroberten bis auf Böhmen, Mitteldeutschland und Skandinavien alle germanischen Provinzen, und stellten sie unter ein Protektorat. Während die römischen Legionen in den teutonischen Wäldern von Hermanns Truppen dezimiert wurden, ging der Handel mit den veredelten Produkten der Böhmerdeutschen und dem römischen Reich weiter.

Venedig erhielt ebenfalls Sonderrechte und wurde dem byzantinischen Reich zugeschlagen. Auch hier florierte der Handel. So wurde beispielsweise in der Lagune das zur Konservierung lebensnotwendige Salz produziert.

Nachdem im 6 Jahrhundert das römische Reich zerfallen war wurde von den Kelten der Böhmerwald verlassen und Norditalien durch die Langobarden erobert. Einige kehrten jedoch nach dem Sturm wieder in ihre sudetische Heimat zurück. Ausgelöst wurde diese Völkerwanderung durch die plündernden Hunnen und Vandalen und beendet wurde diese dann durch Karl dem Großen und seine Reichsgründung. In diesem Zeitraum fand dann auch die Bekehrung der heidnischen Stämme statt, die zur Folge hatte, dass alle keltischen Bräuche christliche Feste wurden, und ihre tausende von Jahre alten Traditionen verloren gingen.

Auch die Beerdigungsriten änderten sich und so verzichtete man auf Grabbeigaben, denn im christlichen Leben nach dem Tod wurde der Leichnam nun nur noch zu einer abgestreiften leeren Hülle.

Die einzige indogermanische Population, die der Zwangschristianisierung nicht   zum Opfer fiel waren die in Venedig lebenden keltischen Glasfabrikanten.

Doch denen gingen dann im Mittelalter die Rohstoffe aus, weil ihre Handelspartner für beispielsweise Braunstein in Nordafrika und im vorderen Orient von osmanischem Reich erobert und besetzt wurden.

Heutzutage würde man den Zustand ein Handels-
embargo nennen.

Aus dieser Not machten sie sich dann eine Tugend
und erschlossen eine neue Rohstoffquelle. Sie be-
gannen ihre antiken Gegenstände zu recyceln und
bildeten gleichzeitig hochintelligente, zwergwüchsige
Menschen als Archäologen aus, die die keltischen
Beerdigungsstätten in Nordeuropa auffinden konnten
und weihten jene auch in die Kunst Steine zum
Schmelzen zu bringen ein.

Denn in den von den germanischen Christen ver-
gessenen Grabstätten war alles vorhanden, was die
Nachfahren der Druiden brauchten, um ihre gläsernen
Kostbarkeiten herzustellen. Blaue kobalthaltige
Glasperlen, glasierte Tongefäße, Gold und Silber.

Auf Grund ihres Wissens spürten die Zwerge am
Tag die Gräberfelder auf, nachts legten sie sie mit
Leichtigkeit frei und plünderten die dort gefundenen
Gegenstände. Um diese zu anonymisieren wurden die
Beigaben an Ort und Stelle eingeschmolzen.

Davon übrig blieb Kobaltglas, Braunstein und ge-
schmolzene Edelmetallklumpen.

Das gleiche galt für die alten verlassen Salzstollen, in
denen der ein oder andere, vor den Hunnen flüch-
tende Kelte, sein Hab und Gut versteckt hatte oder
aber als Höhlengrab gedient hatte. Um ihre
Grabräubereien zu verschleiern wuschen sie an schon
vor tausenden vor Jahren von den Kelten leerge-
schürften Flüssen Gold, oder spielten der Bevölkerung ein Narrenspiel vor. So sagte man ihnen nach, sie
könnten mit einem kleinen Zauberspiegel Goldadern

finden.

Nun mal ehrlich, welcher Nordeuropäer, hätte auch hinter dem mit einer Fispelstimme sprechenden in ein Narrenkostüm gehüllten Zwerg einen ausgefuchsten Geheimagenten, Archäologen und Chemielaboranten vermutet...